Johann Cornies

Der Sozialreformer aus den Steppen Südrusslands

Johannes Reimer

VTR

Bibliographische Information der Deutschen Nationalbibliothek
Die Deutsche Nationalbibliothek verzeichnet diese Publikation in der Deutschen Nationalbibliographie; detaillierte bibliographische Daten sind im Internet über http://dnb.d-nb.de abrufbar.

ISBN 978-3-95776-036-4

VTR Publications,
Gogolstr. 33, 90475 Nürnberg, Germany
http://www.vtr-online.com

Umschlaggestaltung: Christian Beese
Satz: VTR

Printed by Lightning Source

Inhalt

Vorwort

Wie keine andere Religion oder Ideologie hat das Christentum Europa geprägt. Man kann sicher mit Fug und Recht behaupten, dass Europa nur Dank dem Christentum zum entscheidenden Mitgestalter der Zivilisation auf der Erde geworden ist. Seit den ersten missionarischen Versuchen des Apostels Paulus und seines Teams auf europäischem Boden, gab und gibt es bis heute Männer und Frauen, deren Glaube sie entscheidend motivierte, sich für Staat und Gesellschaft, sowie Kultur und Wissenschaft einzusetzen. Viele dieser Namen sind uns im Westen Europas geläufig. Weniger bekannt sind uns dagegen Gestalten aus dem Osten. Zu fremdartig klingen ihre Namen, zu abgelegen sind die Orte. Dabei sollten gerade Protestanten in Westeuropa Teile der osteuropäischen Geschichte ernster nehmen. Zum einen, weil diese Geschichte aufs Engste mit der eigenen in Westeuropa verknüpft ist, zum anderen aber auch, weil es West-, und Zentraleuropäer waren, die diese Geschichte wesentlich prägten.

Die Geschichte des osteuropäischen Protestantismus kennt viele Namen. Männer und Frauen haben erheblich die Geschichte und mehr noch, die der Mission ihrer Gemeinden beeinflusst und so Akzente gesetzt, die auch zum Teil die gesamte Gesellschaft transformierten. Einer dieser Namen verdient unsere besondere Aufmerksamkeit – Johann Cornies.

Der mennonitische Einwanderer aus dem Danziger Werder hat in den Steppen Südrusslands viele Spuren hinterlassen: als Gestalter des Sozialwesens der deutschen Kolonien in Russland, als Erzieher und Erziehungsförderer, als Politiker und Gemeindeaktivist und nicht zuletzt als Missionar unter Muslimen. Kein anderer Protestant hat in den Steppen Südrusslands ein so deutliches, ganzheitliches Zeugnis zurückgelassen wie Cornies. Sein Biograph David Epp schreibt:

> „Es hat unter den Deutschen Ansiedlern Südrusslands bis heute keinen zweiten Mann gegeben, der so durchschlagend auf die segensreiche Entwicklung der nächsten und fernsten Kreise eingewirkt, – wie Cornies, keinen der sich so selbstlos im Dienste der Mitmenschen verzehrt, wie er.“[1]

Ein Lob, das von keinem Geringeren als dem königlich-preußischen Geheimrat Freiherr von Haxthausen, der 1843 Cornies auf seinem Anwesen besuchte, bestätigt wurde. Haxthausen schrieb: „Wir lernten einen Mann kennen, der wohl unstreitig eine der interessantesten Persönlichkeiten ist, die jetzt unter

---

[1] Epp 1916:1.

den Deutschen in Russland leben."[2] Und der kanadische Historiker George K. Epp konstatiert: „Die Geschichte der Entwicklung der Mennoniten-Kolonien in Russland ist ohne der außergewöhnlichen Persönlichkeit von Johann Cornies kaum denkbar."[3]

Viele Entwicklungen im mennonitischen Commonwealth des Russischen Reichs und unter den deutschen Siedlern im Allgemeinen, so wie später auch in der Geschichte der russischen Freikirchen, gehen auf seinen Namen zurück. Dieses „deutsche Bauerngenie vom Schwarzen Meer"[4], der zu Unrecht zum Teil als „Drillmeister der Mennoniten"[5] verschrien war, verdient eine besondere Würdigung. Man hat ihn mit Recht einen „Übervater"[6] der Russlanddeutschen genannt. Und wenn man einmal den ostslawischen Protestantismus insgesamt über die Grenzen der Russlanddeutschen betrachtet, so wird man auch da auf Spuren stoßen, die von diesem Mann gelegt wurden. Der Erfolg des Protestantismus in Russland, allem anderen voran in den goldenen Jahren der Ausbreitung des Evangeliums nach der Revolution (1917-1929), ist sicher nicht ohne die starke soziale Orientierung der deutschen und russischen Gemeinden zu verstehen. Und diese Orientierung kann in vielerlei Hinsicht auf die Fundamente zurückgeführt werden, die dieser Mann einmal gelegt hat. Sein Leben und Dienst sind von einer erstaunlichen Ganzheitlichkeit geprägt. Epp nennt ihn nicht von ungefähr „einen ganzen Mann".[7]

Es ist mir eine besondere Ehre die Lebensgeschichte Cornies' mit dieser Veröffentlichung einem breiten Publikum zur Verfügung zu stellen. Sie erscheint als Beitrag zur Transformationsgeschichte, die ein besonderes Interesse an der ganzheitlichen christlichen Mission hat. Was die Frauen und Männer, deren Geschichte hier vorgestellt wird geleistet haben, kann uns heute in einer Zeit des wiedererwachten, sozialen Interesses unter den bekennenden Christen Vorbild und Ermutigung sein. Und Cornies ist eines dieser leuchtenden Beispiele. Seine Geschichte nachzuzeichnen war für mich Vorrecht und Ehre. Ich wünsche mir einen bleibenden Segen seines Beispiels für die Gemeinde Jesu heute.

Und ganz besonders hoffe ich die russlanddeutschen Freikirchen und hier vor allem die Mennoniten an einen ihrer Großen zu erinnern zu können. In ihrer Rezeption der eigenen Geschichte kommt er genau so wenig vor, wie auch in

---

2 Zit. nach P. Klassen 1989:16.

3 Epp 1998:59.

4 Epp 1989:16ff.

5 Gerlach 2007:104.

6 Greve 2003:21.

7 Epp 1916:30.

der sowjetischen Darstellung des Mennonitentums.[8] Er, der wesentlich zum Werdegang der mennonitischen Gesellschaft wie sie bis heute z.B. in Lateinamerika existiert beitrug, findet viel zu wenig Beachtung. Es ist erstaunlich zu sehen, wie in einem Werk wie der umfassenden Darstellung der Mennonitischen Gesellschaft durch den Soziologen Calvin Redekop, das Lebenswerk Cornies' überhaupt keine Erwähnung findet.[9] Und noch weniger findet sein Beitrag in den Arbeiten zur Mission der Mennoniten in Russland Beachtung. Dabei ist diese in vielerlei Hinsicht auch von Cornies geprägt worden. Ähnlich wie die missionarische Arbeit der russischen Freikirchen. Es ist meine Absicht diese Lücken zu schließen.

Der Gedanke zu diesem Buch kam mir am Rande einer theologischen Woche bei den Mennoniten in Paraguay im Januar 2009. Ein drei viertel Jahrhundert leben diese deutschstämmigen Einwanderer nun in diesem Land. Sie kamen als verfolgte und vertriebene Flüchtlinge aus der Sowjetunion, sowie als Umsiedler aus Kanada, die ebenfalls ursprünglich aus Russland stammten. Hier am Rande der Zivilisation, im paraguayischen Chaco, haben sie mit bloßen Händen und einem gläubigen Herzen neu angefangen. Erstaunliches haben sie seitdem geleistet. Ihre Kolonien in der grünen Wüste des Chaco und im Osten des Landes sind heute Musterbeispiele einer gelungenen kommunalen Selbstverwaltung und das in einem Land, das zu den ärmeren in dieser Welt gehört. Ihre Schulen und Hochschulen brauchen den internationalen Vergleich nicht zu scheuen und ihre Wirtschaft zeichnet sich durch enorme Effizienz aus. Heute suchen Politiker allerlei Prägung den Rat der Mennoniten im Land.[10]

Hier in der Bibliothek des theologischen Seminars CEMTA[11] fiel mir das kleine Büchlein von David Epp zum Leben Cornies' in die Hand.[12] Plötzlich dämmerte es mir: was die Mennoniten hier in diesem lateinamerikanischen Land geschaffen haben, das ist auch ein Erbe Johann Cornies'. Überall konnte ich mit bloßem Auge Parallelen zu seinem, mehr als eineinhalb Jahrhunderte früher stattgefundenem Lebenswerk feststellen. Ob es den paraguay-

---

[8] So erwähnt W.F. Krestjaninow in seinem Buch zur Geschichte der Mennoniten mit keinem Wort Cornies (Siehe Krestjaninov 1967). P. Klassen setzt sich dagegen mit Cornies auseinander, stellt ihn aber als einen nimmersatten Kapitalisten dar, der alle seine Glaubensgrundsätze kompromittierte und damit als Inbegriff eines volksfeindlichen Kapitalisten gelten müsste. (Klassen 1989:16-25.)

[9] Redekop 1989.

[10] Siehe z.B. Ernst Bergen. Entwicklung, Macht, Korruption. Schwarzenfeld: Neufeld Verlag 2009.

[11] CEMTA: Centro Evangélico Mennonita de Teología Asunción.

[12] Epp 1946.

ischen Mennoniten bewusst ist oder nicht: Cornies schreibt ihre Erfolgsgeschichte mit. Deshalb widme ich mein Buch ihnen, meinen vielen mennonitischen Freunden in Lateinamerika. Danke für Euren Mut und Euren Glauben, ganzheitlich zu leben. Danke für all das, was ich bei und durch Euch in meinem Leben gewonnen habe.

Johannes Reimer,
Bergneustadt im Frühling 2015

Kapitel 1

Hinter jedem guten Mann steht seine Familie

1. Wie der Vater so der Sohn

Johann Cornies wurde am 20. Juni 1789 als ältestes von sechs Kindern seiner Eltern Johann (geb. 24. Juni 1741) und Maria (geb. Claassen), vermutlich in Bärwalde südlich der Elbinger Weichsel, bei Danzig, im Kreis Marienburg in Westpreußen[13] geboren. Seine Eltern hatten am 1. November 1787 geheiratet. Es war die zweite Ehe seines Vaters, der vermutlich aus Gladbach am Niederrhein stammte.[14] Sein eigener Vater Martin war recht früh gestorben und die verwitwete Mutter lebte mit ihren zwei Söhnen in Bärwalde.[15] In seinen jungen Jahren hatte er sich jahrelang als Matrose von Danzig aus auf den Weltmeeren verdingt, hatte Afrika umschifft und war in Portugiesisch-Indien gewesen. In Lissabon erlebte er, wie das große Erdbeben im Jahr 1755 30.000 Menschen in den Tod riss. Johann Cornies sen. war also ein umtriebiger Mann, der viel gesehen hatte.

Sein kleiner Sohn Johann war gerade ein paar Jahre alt, als die Eltern beschlossen, auf die Frische Nehrung nach Schönbaum, gegenüber Fürstenwerder, auf der anderen Seite der Elbinger Weichsel gelegen, zu ziehen. Hier im Kirchenbuch von Schönbaum, wurde Johann Cornies sen. als Hakenbüder eingetragen. Hakenbüder betrieben einen Landhandel, wobei sie in der Regel allerlei Notwendiges für den Alltag der Menschen auf dem Lande im Angebot hatten: Kleider, Töpfe, landwirtschaftliche Gerätschaft und so weiter. Die Hakenbuden waren bedeutende Handelszentren in den Dörfern und hatten dementsprechend Einfluss in der Bevölkerung. Hier trafen sich Menschen, tauschten ihre Neuigkeiten aus, knüpften Freundschaften oder vertieften ihre Feindschaften. Entsprechend wichtig war der Hakenbüder selbst. Bei ihm kamen die Nachrichten zusammen. Er wusste über jeden und alles Bescheid. Ihn fragte man wenn nötig. Und er ersetzte zuweilen Eltern und Pfarrer, wurde zum Berater und Seelsorger.

Und Johann sen. wusste sich zu drehen. Seine Hakenbude war recht geräumig. Bei ihm bekam man fast alles. Auf dem Dach der Hakenbude von Schönbaum stand eine Windmühle. Zum Anwesen gehörte auch eine Bäckerei.[16] Vater Cornies war ein überaus willensstarker und wirtschaftlich gewief-

---

13 Später Kreis Großes Werder (siehe Gerlach 2007:104). Von manchen Forschern wird der Geburtsort Bärwalde eher in Frage gestellt, da man keine entsprechende Eintragung im Kirchenbuch von Bärwalde gefunden habe. Hier nimmt man eher Schönborn als Geburtsort an. Siehe zur Chronologie: http://chort.square7.ch/Pis/Cornies.pdf (1.3.2014).

14 In der ersten Ehe war Cornies sen. mit Katharina, geb, Epp verheiratet, die aber am 24. Juni 1770 verstarb.

15 Penner 1978:250.

16 Gerlach, Ruslanddeutsche II.

ter Mann. Aber man sagte ihm auch Sturheit nach. Er mochte nicht, wenn man sich ihm in den Weg stellte und konnte in solchen Fällen auch recht unangenehm werden.

In Schönbaum kam Johanns Vater in Konflikte mit der Finanzbehörde und musste Schönbaum wieder verlassen. Epp schreibt, dass man in diesem Teil Westpreußens noch lange danach gesprochen habe: „Der Herr hat Recht, Cornies muss aus der Nehrung."[17] Was genau vorgefallen war, ist nicht bekannt. Johann war acht Jahre alt als die Familie Schönbaum verließ. Sie zogen nach Mühlhausen, im Kreis Preußisch Holland in Ostpreußen.

Mühlhausen war ein schmuckes Städtchen, das noch vom deutschen Ritterorden im 14. Jahrhundert gegründet wurde.[18] Auch hier dominierte die Landwirtschaft das Bild. Doch anders als in der Danziger und Elbinger Gegend, in der kleinere Bauernwirtschaften die Landwirtschaft bestimmten, hatten sich in Ostpreußen große Gutshöfe entwickelt, die in der Regel dem ostpreußischen Adel gehörten.[19] Die großen Gutshöfe mit ihren herrlichen Schlössern, Parks und einer sagenhaften Ordnung, müssen wohl einen tiefen Eindruck auf den kleinen Johann gemacht haben. Mennoniten kannten solche Höfe nicht. Sie waren nur selten reicher und falls einer von ihnen je zum Adel gehörte, so gab er diesen Titel bald wieder ab.

In Mühlhausen lebten nur wenige mennonitische Familien. Wie auch sonst in Preußen, siedelten auch diese mitten unter die einheimische Bevölkerung. Eine geschlossene Siedlungsweise, wie dies später in Russland der Fall war, kannten die Mennoniten nicht. In Mühlhausen waren sie, so scheint es, recht gut in die Gesellschaft eingebunden. Die Geschichte berichtet sogar von einem der Mühlhausener Stadtverordneten aus dem Jahr 1808 namens Entz, was auf dessen mögliche mennonitische Herkunft hinweist.[20] Vielleicht hat der junge Cornies hier jene Weite möglichen gesellschaftlichen Engagements auch für seine Glaubensbrüder kennen und schätzen gelernt. So genau wissen wir es aber nicht.

Warum die Familie Cornies ausgerechnet nach Mühlhausen zog ist nicht bekannt. Vater Cornies hatte durch seinen Handel weitverzweigte Kontakte. Vermutlich hat er auf diese Weise nach den Problemen in Westpreußen neu anfangen wollen. Es ist nicht bekannt, womit die Cornies ihren Lebensunterhalt in Mühlhausen bestritten. Möglicherweise setzte der Vater seine Tätigkeit

17 Epp 1916:5.

18 Hemovwski 1996; Weise 1981.

19 Siehe Bloech, Ospreußens Landwirtschaft. Teil I-II. In: http://www.ostpreussen.de/uploads/media/Ostpreussische_Landwirtschaft_Teil_1.pdf (1.1.2013).

20 Gerlach 2007:105.

als Händler fort oder er arbeitete auf einem der Güter des Adels. Wir wissen es nicht. Vieles im späteren Leben von Johann Cornies jun. spricht dafür, dass er das Leben auf den großen Gutshöfen des ostpreußischen Adels kennengelernt hat. Zu ähnlich sahen seine großbäuerlichen Unternehmungen in Russland den ostpreußischen. Zu deutlich auch das herrische Benehmen Johanns in seinem späteren Leben. Alles das sprach dafür, dass er eher auf einem der Adelsanwesen in Ostpreußen gelebt hatte.

In Ostpreußen selbst, wird es der Familie Cornies allerdings finanziell nicht besonders gut gegangen sein. Dafür spricht allein die Tatsache, dass der älteste Sohn zwar die Elementarschule besuchte, diese aber nicht abschließen konnte. Musste er im Geschäft des Vaters mitarbeiten? Musste er schon früh Geld für die Familie dazu verdienen? Wahrscheinlich. Gerade die ältesten Kinder der ärmeren deutschen Bevölkerung mussten oft früh arbeiten und so die wachsende Familie mitversorgen. Und Johann war der älteste Sohn. Wie viele andere, musste auch er ran. Die Schule konnte warten. Ob eine gute Schulausbildung seinem mennonitischen Vater wichtig war, ist zu bezweifeln. Auch für ihn wird gegolten haben, was die meisten Mennoniten jener Zeit glaubten. „Je gelehrter, desto verkehrter", sagten sie und achteten darauf, dass ihre Kinder zwar lesen und schreiben lernten um die Bibel lesen zu können. Mehr Bildung jedoch, konnte den Kindern nur schaden. Sah man doch überall, so die Konservativeren unter ihnen, was Bildung an Liberalität und Glaubens-Untreue schuf. Bildung zog den Menschen in die Gesellschaft, in die Welt und diese vereinnahmte nur allzu schnell das Leben des Verführten. Verständlich, wer so dachte scheute die Welt und suchte eher aus der Welt zu fliehen. Vielleicht waren die nächsten Schritte seiner Familie unter anderem auch so motiviert. Wie viele andere ihrer Glaubensgenossen, beschlossen sie dem Ruf und Angebot der russischen Regierung zu folgen und nach Russland auszuwandern. Man versprach ihnen weitgehende Selbstständigkeit, Land und allem anderen voran Glaubensfreiheit.

Johann war fünfzehn als seine Eltern beschlossen, 1804 nach Russland umzuziehen. Er verbrachte in Mühlhausen seine ganze „Schulzeit". Hier ist vieles von dem geformt worden, was sich später im Leben dieses Mannes so überaus deutlich zeigen sollte: sein anpackender Charakter, sein Geschäfts-, und Ordnungssinn, sein Wissensdurst und die Liebe zur experimentellen Landwirtschaft. Freilich wird dabei nicht nur der Ort eine Rolle gespielt haben. Sein wichtigstes Vorbild wird wohl der Vater Johann gewesen sein. Dieser hatte die Welt bereist und viel gesehen, selbständiges Handeln und Geschäft praktiziert und eine erstaunliche Flexibilität in seiner Lebensgestaltung vorgelebt. Er war willensstark und kompromisslos. Alles das finden wir später im Wesen seines Sohnes wieder.

2. Der Umzug nach Russland

Im Jahr 1804 siedelte die Familie Cornies nach Russland um. Zar Alexander I. (1801-1825) erließ am 20. Februar 1804 einen Erlass, mit dem er deutsche Bauern zur Ansiedlung in Russland und hier vor allem in Südrussland einlud.[21] Ähnlich wie die Zarin Katharina II. (1729-1796) vierzig Jahre zuvor, (1763) versprach er große Vergünstigungen:

1. Freie Religionsausübung.
2. Befreiung von Steuern auf 10-30 Jahre.
3. Zinslose Darlehen.
4. Befreiung vom Militärdienst auf „ewige Zeit".
5. Eigene Gemeinde-, und Schulverwaltung.
6. Unentgeltliche Zuweisung von 30-80 Desjatin[22] Kronland pro Familie.

Der Zar lud in seinem Erlass ganz besonders Leute aus der Landwirtschaft ein, nach Russland umzuziehen. Und die umsiedlungswilligen Familien wurden verpflichtet, mindestens 300 Gulden Eigenkapital und ein Leumundszeugnis ihrer Heimatbehörde vorzuweisen. Übrigens erwies sich das letztere oft als hohe Hürde.[23] Gerade auch für den bereits bei den Behörden geführten Cornies sen. Die preußische Verwaltung wehrte sich gegen die Abwanderung ihrer Bauern. Nicht selten gingen die Tüchtigsten von ihnen. Und die Mennoniten zählten mit Sicherheit zu den Letzteren. Nicht von ungefähr warben die Russen gerade unter ihnen.

Viele Mennoniten nahmen die Einladung des russischen Zaren an.[24] In der ersten Welle (1803-1804) der umsiedlungswilligen Mennoniten, fand man vor allem viele selbstständige Bauern, wohlgestellte Handwerker und Kaufleute.[25] Wenn diese Leute Preußen verließen, dann stand es nicht gut um die Zukunft der Mennoniten in Westpreußen. Die harte Haltung des preußischen Hofs zur Frage der militärischen Verpflichtung der pazifistischen Mennoniten, trug noch dazu bei. Eine Unruhe breitete sich unter den Mennoniten

---

[21] Siehe mehr bei Epp 1997:124ff.

[22] 1 Desjatine = Altrussisches Flächenmaß, umgerechnet 1,09 ha. Siehe zu solchen Angaben: http://de.wikipedia.org/wiki/Alte_Maße_und_Gewichte_(Russland) (1.3.2014).

[23] Bondar unterstreicht mit Recht die Tatsache, dass die deutschen Siedler, allen voran die Mennoniten, auf diese Weise zu einer herausragenden Stellung im Russischen Reich kamen. Denn kein russischer Farmer hatte je solche Privilegien erhalten (Bondar 1916:24, Krestjaninov 1967:21).

[24] Zu den Hintergründen der Umsiedlung der Mennoniten aus Preußen, siehe Epp 1997:74ff; zu der Auswanderung 1804 an die Molotschna; Epp 1997:123ff.

[25] Epp 1997:128.

Westpreußens aus. Und die russische Regierung, die an der Übersiedlung der Mennoniten nach Russland das allergrößte Interesse zeigte, schürte diese Unruhe mit weitgehenden Versprechungen und Privilegien noch an.

Auch die Familie Cornies entschloss sich zur Umsiedlung, was bei dem fortgeschrittenen Alter des Vaters, der zu diesem Zeitpunkt bereits 63 Jahre alt ist, nicht wenig erstaunt. Mit 1.000 Rubel in der Geldbörse ziehen die Cornies nach Chortiza am Dnepr, in die erste mennonitische Kolonie im Russischen Reich. Hier hatten sich auf Einladung von Zarin Katharina II. in den Jahren 1788-1797 insgesamt etwa 400 Familien aus Westpreußen angesiedelt. Der ehemalige Hakenbuder Cornies wird viele dieser Familien persönlich gekannt haben und so kamen sie auch bei einer befreundeten Familie in Chortiza unter.

3. Vom Branntweinmeister zum Heilpraktiker

Die Cornies hatten sich bis zur ihrer Auswanderung nach Russland nicht wirklich mit der Landwirtschaft beschäftigt. Der Vater war Matrose, dann Landhändler. Wir wissen zwar wenig darüber wie er den Lebensunterhalt seiner Familie in Ostpreußen bestritten habe, aber Landwirtschaft konnte es mit großer Sicherheit nicht gewesen sein, dominierte doch der Adel und die Grundbesitzer die Landwirtschaft in Mühlhausen. Vielleicht hatte er als Tagelöhner auf einem der Höfe gearbeitet und glaubte nun, seine Erfahrungen auch in einer selbständig geführten Landwirtschaft umsetzen zu können. Vielleicht. Wie sonst sollten sie sich in der neuen Heimat versorgen? Von einem eigenen Hof konnte aber in Chortiza keine Rede sein. Hier war das Land längst in fester Hand. Und als Knecht zu einem der Glaubensbrüder zu gehen, das hätte sich der stolze Cornies sicher nie zugemutet. Aber dem umtriebigen alten Mann fiel immer etwas ein. Und so fand er auch in Chortiza bald Beschäftigung. Die Siedler hatten in der Kolonie eine Schnapsbrennerei aufgebaut.[26] Die ging aber nicht sonderlich gut. Es fehlte eine sachkundige Leitung. Vater Cornies übernahm willig die Aufgabe. Woher er sich mit der Herstellung von Branntwein auskannte ist nicht bekannt. Aber in Preußen wurde viel Schnaps gebrannt und nicht selten auch von Mennoniten[27] und ähnlich wie in Chortiza vermutlich aus Weizen.[28] Es muss daher nicht verwundern, dass der ehemalige Hakenbüder aus Schönborn wusste, wie man Branntwein aus den landwirtschaftlichen Erzeugnissen der Bauern herstellt.

---

[26] Eine bis heute existierende Brennerei, die stolz auf ihre Produktion ist, ist die weltberühmte Vodka Hortiza Platinum.

[27] Lichdi 2004:129.

[28] Zur Branntweinproduktion in Ostpreußen: Preuß 1836:288, Siehe auch: http://books.google.de/books. (10.1.2013)

Immerhin vertrieb er in seiner Hakenbude bestimmt auch Branntwein. Er konnte also zwischen gutem und schlechtem Schnaps bestens unterscheiden. Und ein Organisationstalent besaß er ja sowieso.

Die eigentliche Arbeit in der Brennerei fiel auf die Schultern seines ältesten Sohnes Johann. Dieser musste schon in Mühlhausen im Haushalt aushelfen. Auch in Chortiza kam sein Vater ohne die Hilfe seines Sohnes nicht aus. Sein Biograph David Epp lobt den damals erst sechzehn Jahre alten Johann für das Geschick, mit der dieser die Brennerei leitete.[29]

Ob die Familie wirklich vorhatte in Chortiza zu bleiben, ist unbekannt. Die Brennerei schien nicht so gut zu laufen, dass man vom erwirtschafteten Erlös auf Dauer leben hätte können und Land wurde ihnen hier auch nicht zugeteilt. So zogen sie zwei Jahre später in die neugegründete Kolonie Molotschna, die in den Jahren 1803-1805 im Kreis Berdjansk, Gouvernement Taurien am Fluss Molotschnaja angelegt wurde. 342 Familien hatten sich hier auf 120.000 Desjatinen Land angesiedelt. Hier wurden zwischen 1804-1806 insgesamt 18 Dörfer angelegt. Die meisten Ansiedler kamen aus dem Marienburger und Elbinger Raum aus Westpreußen und entsprechend nannten sie ihre neuen Dörfer: Tiegenhagen, Wernersdorf, Fischau, Lichtenau, Fürstenwerder, Ohrloff, Rosenort und so weiter.[30]

Die Cornies bekamen ihr Land in Ohrloff zugewiesen. Sie übernahmen hier die Wirtschaft Nr. 7 an der Mittelstraße, direkt gegenüber der späteren Schule. Jetzt hatten sie ihr Land, hatten Holz zum Hausbau erhalten und sogar eine geringfügige finanzielle Unterstützung vom Staat. Aber das alles konnte niemals für den Lebensunterhalt der großen Familie, geschweige denn für den Aufbau einer funktionierenden Landwirtschaft reichen, erst recht wenn die Familie nie zuvor Landwirtschaft betrieben hatte. Es ging der Familie finanziell schlecht. Das aus Preußen mitgebrachte Geld war verbraucht. Es musste dringend eine neue Idee her. Da fand der erfinderische greise Vater Cornies einen Weg.

---

[29] Epp 1946:7.

[30] Bis 1863 wuchs die Anzahl der Dörfer in der Molotschna Kolonie auf 57 Dörfer und drei Vorwerke. Molotschna wurde zu einer der wichtigsten Mutterkolonien der Mennoniten in Russland. Zu der Geschichte der Kolonie siehe Görz 1950; Epp 1997:139ff. Einen sehr guten Überblick über die Ansiedlung aus der Perspektive der russischen Regierung gibt Pissarewski 1917, der in seiner Darstellung die besondere Bemühung des Staates um die Ansiedlung der Mennoniten unterstreicht, die auch nach dem Verbot der Ansiedlung von Ausländischen Bürgern in Russland im Jahr 1819 als Ausnahme unbeschränkt einreisen durften (Bondar 1916:30; Pissarewski 1917:66).

Um Ohrloff herum gab es weit und breit keinen Arzt. Cornies hatte in der Vergangenheit ein Interesse für Volksmedizin aufgebaut, kannte sich in Hausmitteln aus, experimentierte mit unterschiedlichen Heilpflanzen und hatte sogar einige medizinische Bücher mitgebracht. Jedenfalls schienen seine Kenntnisse für den Hausgebrauch zu reichen. Wann immer eines seiner Familienmitglieder krank war – der Vater hatte ein Mittelchen parat. Warum also nicht auch den Anderen helfen. Und wenn man dafür noch Geld erhielt, umso besser. So bot er sich nun den Deutschen, Russen und Nogaiern[31] als Heilkundiger an. In plattdeutsch nannte man solche heilkundigen „Trachtmokasch“, zu Deutsch Zurechtmacher, dem „Knochenbrecher“ in Ostfriesland nicht unähnlich. Man kannte also diese Art von gesundheitlicher Hilfe.[32] Ähnlich kannten sowohl die Russen Volksheiler, als auch die nomadischen Nogaier. Nicht selten waren es Menschen, mit überaus okkulten Fähigkeiten. Man traute ihnen zu, sowohl Körper als auch Geist zu heilen.

Das Angebot des alten Deutschen traf sofort auf Interesse. Als sich die ersten Erfolge seiner Behandlungen einstellten, strömten zu ihm Kranke aus allen Windrichtungen. Unter den nomadischen Nogaiern war besonders die Krätze weit verbreitet. Der greise Cornies konnte helfen. Bald nannte man ihn einfach „Lekar“, russisch für Heiler und benannte seinen Familiennamen in Lekarenko um.[33] Er hatte damit einen so großen Erfolg, dass man unter den Russen und Nogaiern auch noch nach seinem Tod von den Lekarenkos-Söhnen sprach und das spätere Gut Juschanlee hieß bei ihnen Chutor[34] Lekarenko.

Die Heilpraktikertätigkeit erwies sich als ein überaus einträgliches Geschäft und so ging es der Familie bald besser. Und auch für Johann jun. eröffneten sich dadurch neue Möglichkeiten. Vaters guter Ruf breitete sich im Denken der Menschen immer auch auf die Kinder aus. Wo der Vater heilen kann, da sind seine Kinder nicht weit davon weg. „Der Apfel fällt nicht weit vom Baum“, sagte man. Und diesen „Lekarenko-Baum“, den lernte man jetzt schätzen. Denn bei ihm erhielt man nicht nur das entsprechende Mittelchen, sondern auch einen Segen. Johann Cornies war bei aller seiner Wendigkeit immer noch gläubiger Mennonit. Er wusste von der Hand Gottes in seinem Handwerk und verschwieg es auch seinen Patienten nicht. Und das tat aber seinem Ruf wenig Abbruch. Alle seine Patienten, ob Deutsche, Russen oder Nogaier glaubten an Gott, fürchteten sich gegen ihn zu verschulden und suchten, wo immer möglich, seinen Segen. Nicht selten waren es Geistliche sowohl auf christlicher, als auch auf muslimischer Seite, die für ihre Heilkunst

---

31 Ein nomadisches, turksprachiges islamisches Volk.

32 Zu den Volksheilern unter den Deutschen in der Region siehe z.B. Stumpp 1956.

33 Epp 1946:9.

34 Russisch für Aussiedlerhof.

bekannt waren. So ist der Umkehrschluss der Leute verständlich: wer heilen kann, der ist dem Allerhöchsten näher. Und so vertraute man sich dem alten Mennoniten eher an. Sein Rat war auch in Glaubensfragen gefragt. Zwar ist uns wenig von alldem berichtet und wir können auf keine konkreten Beispiele hinweisen; Gerda Stumpps Darstellung über die Volksmedizin unter den Schwarzmeerdeutschen macht aber deutlich wie eng der Volksglaube und die Heilkunst zusammen gesehen wurden. So eng nämlich, dass sich die ersten mennonitischen Missionare, die sich zu den Muslimen des russischen Reiches begaben, Martin Thielmann und Rudolf Bohn, gleich nach ihrer Ausbildung an der Bibelschule Berlin in Heilpraktik ausbilden ließen. Sie wussten offensichtlich vom besagten Zusammenhang und suchten sie danach ihn ihrer missionarischen Arbeit einzusetzen.[35]

Jedenfalls genoss Johann Cornies und mit ihm seine Familie in den weiten Steppen Tauriens einen hervorragenden Ruf. Und sein Sohn sollte bald von diesem Ruf profitieren und ihn mehren.

[35] Reimer 1997:63ff.

Kapitel 2

Vom Müllerknecht zum Musterlandwirt

1. Auf dem Weg in die Selbstständigkeit

Die anfänglichen finanziellen Schwierigkeiten der Familie Cornies, zwangen auch den ältesten Sohn Johann sofort nach ihrer Ankunft in Ohrloff nach Arbeit zu suchen. Eine Brennerei gab es am Ort noch nicht. Freilich, Johann hätte eine aufbauen können. Schon bald hatten die Siedler es sowieso getan. Aber seine Erfahrungen in Chortiza lehrten ihn, viel würde er mit dem hergestellten Branntwein nicht verdienen können, zumal ein Teil der Ohrloffer Mennoniten eher konservativere Vorstellungen in Sachen Alkohol vertraten. Und so nahm der junge Mann die erste ihm angebotene Tätigkeit an. Er wurde Knecht in der Ohrloffer Mühle. Diese gehörte einem gewissen Herrn Klassen und stellte eine kleine Dorfwindmühle dar.

Ein Jahr lang arbeitete Johann beim Müller Klassen. Die Eintönigkeit dieses Berufs vermochten den aufgeweckten jungen Mann nicht lang zu befriedigen. Und als Knecht verdiente er nicht viel. Wenn dann noch die Ernte knapp ausfiel, gab es auch auf der Mühle wenig Arbeit und wenig Geld. Seine Familie brauchte aber dringend Hilfe. Vaters neue Berufung wurde erst langsam bekannt. Und dann wollte er aus seinem Leben mehr machen. Sein Leben im Staub einer kleinen Mühle zu fristen – das waren keine Aussichten für seine Zukunft. Vielleicht hat das Vorbild seines eigenen Vaters, der im gleichen Alter bereits die Weltmeere bereiste, ihn herausgefordert. Vielleicht aber auch sein Glaube an Gott. Obwohl noch recht jung, so nahm er doch das Leben um sich herum ernster als die Dorfjugend. Auf jeden Fall kündigte Johann nach einem Jahr bei dem Müller. Er hatte nachgedacht und einen Beschluss gefasst. Wie sein Vater in seiner Jugend einmal, wollte auch er Landhändler werden. Und der Vater ermutigte ihn dazu. Solange er lebte, stünde er seinem Sohn mit Rat und Tat zur Seite. Und dann schien ja Vaters Heilpraxis an Erfolg zu gewinnen. Die Familie brauchte seine Unterstützung immer weniger. Jetzt konnte er aussteigen und Neues wagen. Er hatte genug Geld verdient um sich ein eigenes Fuhrwerk zu kaufen. Dieses mit der Ware aus den Dörfern zu beladen und dann in die Städte der Krim zu reisen um sie dort zu verkaufen – das wäre eine Perspektive. Und brauchten die Siedler nicht auch allerlei aus der Stadt? Klagten die Nachbarn nicht ständig über den Mangel an so vielem. Dem einen fehlten Nägel, dem anderen ein Spaten und der dritte brauchte dringend eine Axt. Aber all das war in der Kolonie nicht zu haben. Er, Johann, könnte es ihnen bringen. Und er, Johann, würde die erste Hakenbude in der Molotschna öffnen.

So wurde der junge Man selbstständig. Er war erst 19 Jahre alt. Sein Geschäftsplan war recht einfach. Überall in den Dörfern fehlte es an bestimmten Industriewaren. Die Städte auf der Krim waren weit entfernt und die Wege dahin voller Gefahren. Niemand traute sich auf eigene Faust dahin. Und dann sprachen die deutschen Siedler auch kein Russisch. Es gab also in den Dörfern einen gewissen Markt, der auf entsprechende Waren wartete. Und es gab auf der anderen Seite genügend Waren, die man in den Städten mit entsprechendem Geschick verkaufen könnte. Warum sollte also das Geschäft nicht funktionieren. Man brauchte nur Mut. Und Mut hatte der junge Mann. So begann der 19-jährige Johann sein Geschäft. Er kaufte für wenig Geld bei den Bauern Schinken, Butter, Käse, Obst, etc., belud damit sein neu erstandenes Fuhrwerk und reiste damit in die Städte auf der Krim: Feodosia, Simferopol u.a. Er soll dabei bis nach Sewastopol gekommen sein. Butter, Schinken und Käse aus der Kolonie fanden reißenden Absatz. Schnell war die Ware verkauft. Johann erwarb in der Stadt Gegenstände, die in den Dörfern gebraucht wurden und brachte sie zurück. So begann der junge Mann einen bald gut gehenden Handel.[36] Eine reiche Witwe in Ohrloff, an die er sich eines Kredits wegen wandte, gab ihm tatsächlich immer wieder mal 25 Rubel. So viel kostete es Johann, eine Fuhre von landwirtschaftlichen Erzeugnissen einzukaufen. Zurück von der Reise, zahlte Johann der Witwe ihr Geld pünktlich und unbedingt zurück und sie war willig ihm immer wieder Geld zu leihen.

So blühte der Handel. Bald kannte man den jungen Händler sowohl in den Dörfern der Siedler, als auch in den Basaren der Städte. Und man schätzte seine Ehrlichkeit, Pünktlichkeit und Qualität. In den Dörfern erzählte man sich Geschichten von der Ehrlichkeit des jungen Cornies. So soll er eines Tages einem Armenier in der Stadt Feodosia eine größere Portion Butter verkauft haben. Der Handel fand in einer ruchbaren Spelunke statt. Johann und sein Begleiter waren froh als der Armenier ihnen das Geld überreichte und sie unbeschadet zurück im Reisehof waren. Hier zählte Johann das erhaltene Geld noch einmal nach und stellte überrascht fest, dass der Mann ihm zu viel gezahlt habe.

„Ich muss zurück zu diesem Mann und ihm das überschüssige Geld geben", teilte Johann seinem Begleiter mit.

„Du willst doch nicht wieder in diese schreckliche Kneipe zurück", versuchte dieser den jungen Mann von seinem Vorhaben abzubringen.

Aber nichts half. Wenn sich Johann einmal etwas in den Kopf gesetzt hatte, dann bedurfte es eines Wunders um ihn davon abzubringen. Erst recht, wo er zu viel Geld einkassiert hatte und wo möglich eine Sünde begangen habe. Und nichts, gar nichts war dem Mann so wichtig, wie seine Reinheit vor Gott zu wahren. Er glaubte fest daran, dass sein Erfolg direkt am Segen Gottes lag. Und würde Gott einen unehrlichen Menschen segnen? Nein. Niemand anderes als sein eigener Vater hatte es an der eigenen Haut erlebt. Krumme Geschäfte endeten nie gut. Und Johann wollte keine krummen Wege gehen.

---

[36] Klassen 1989:19.

Kurzum, wenige Zeit später waren die beiden Männer wieder in der Spelunke und Johann zählte dem Armenier das erhaltene Geld vor. Leider verstand dieser nur schlecht Russisch und konnte sich nicht zusammenreimen, was der junge Mann nun von ihm wollte. Schließlich muss er daraus geschlossen haben, der Deutsche wolle noch mehr Geld, packte Johann am Kragen und warf ihn samt seines Geldes kopfüber aus der Kneipe. Sein Begleiter hatte danach nur noch Spott für den Ehrlichen über. Aber Johann machte sich wenig aus dem, was die Menschen sagten. Für ihn war wichtiger, was man über ihn morgen sagen würde. Und Ehrlichkeit zahlte sich in seinem Denken immer aus. Geschäft, so muss er von seinem Vater gelernt haben, ist dann ein gutes Geschäft, wenn es auch Morgen noch funktioniert. Und hierfür bedurfte es eines guten Images. Und des Segen Gottes. Diesen aber gab es nur für Ehrliche. Genau das strebte er an. Man sollte ihn als einen Mann kennen auf den Verlass war.

Cornies war der erste Siedler unter den Mennoniten an der Molotschnaja, der es wagte, offenen Handel über lange Steppenfahrten hinweg zu betreiben. Ein solches Unternehmen galt bei den Siedlern als überaus gefährlich. Die Steppe wimmelte von nomadischen Nogaiern, einem tatarischen Stamm, der seine Herkunft auf den mongolischen Chan Nogai zurückführte, der 1206 über alle mongolischen Stämme herrschte, sich dann jedoch 1261 von der Goldenen Horde in Folge von Thronstreitigkeiten absetzte. Die Nogaier hatten Zarin Katharina II. im Jahr 1789 gebeten unter die russische Krone kommen zu dürfen und die russischen Verwaltung wies ihnen die Steppen am Molotschnaja-Fluss als Weideland zu.[37] Sie pflegten einen nomadischen Lebensstil und zogen mit ihren Herden durch die Steppen. Ihre Schwarzen Zelten verrieten oft von weitem sichtbar ihre Anwesenheit in der Gegend. Immer wieder überfielen sie Reisende und scheuten dabei auch vor Mord und Totschlag nicht zurück.

Nicht nur einmal hatte man auch Johann vor diesen Gefahren gewarnt. Aber Johann wusste worauf er sich einließ. Noch lange bevor er seinen Handel begann, musste er für seinen Vater Holz vom Dnepr holen. Und immer wieder geriet er dabei in gefährliche Situationen. Eines Abends ritt er durch die Steppe als er drei Reiter beobachtete, die sich ihm näherten. Es waren Nogaier. Johann zeigte keine Unruhe und ritt langsam weiter. Einer der Reiter überholte ihn und ritt ein Stück vor ihm, während die beiden anderen sich an je einer seiner Seiten an ihn heran näherten. Plötzlich hielt der fordere sein Pferd an. Johann erkannte sofort die Gefahr. Mit einem kurzen Tritt spornte er sein Pferd an, stieß dabei das vor ihm stehende Pferd mit einer solchen Wucht in den Rücken, dass das Pferd erschrocken zur Seite sprang. Jetzt war der Weg frei und Johann spornte sein Pferd an. Die Nogaier verfolgten ihn. Johann war ein guter Reiter. Und sein Pferd das Beste, das er für sein Geld finden konnte. Schon oft war er den

[37] Zimpel 2000:386.

räuberischen Nomaden davon geflitzt. Aber dieses Mal blieben die drei ihm dicht auf den Fersen. Nur mit Mühe gelang es ihm, seine Verfolger kurz vor einem mennonitischen Dorf abzuschütteln.

Ein anderes Mal bemerkte er erst viel zu spät, dass sich ein Reiter von hinten an ihn heran nahte. Erst als dieser ihn vom Pferd gerissen hatte, erkannte er die Gefahr. Johann fiel auf die Erde und sprang schnell auf seine Beine, die Hand an seinem Dolch. Er sah sich um und bemerkte nur, wie der Angreifer in die Dunkelheit der Nacht verschwand. Er sollte nie erfahren, was sein Angreifer wollte und was diesen schlussendlich in die Flucht geschlagen hatte.

Johann war ein gläubiger Mann. Seine fromme Mutter hatte ihm Gottvertrauen beigebracht, genau so wie der Vater ihm Selbstvertrauen und einen unbändigen Willen vererbt hatte. In solchen Situationen bedankte er sich bei seinem Herrn, der ihn zu tragen und beschützen versprach. Und Johann glaubte diesen Verheißungen. War es dieses unerschütterliche Gottvertrauen, das sein waghalsiges Unternehmen erst ermöglichte? War es der sich schnell ausbreitende Ruf seines Vaters, ein guter Heiler zu sein? Denn wenn man von einem Heiler Hilfe erwartete, dann konnte man niemals seiner Familie Schaden zufügen. Und wenn sich abergläubische Nogaier an eine Regel hielten, dann war es diese. Schließlich wusste man ja bald nicht nur wo der Lekar lebte, sondern auch, dass sein Sohn immer wieder mit viel Ware über die Steppe zog. Jedenfalls kam der junge Geschäftsmann immer wieder heile in die Dörfer der Kolonie zurück. Und auch seine Ware ist ihm nie entwendet worden.

Die langen Reisen durch die einsame Steppe erlaubten ihm, viel Zeit in seine Fortbildung zu investieren. Er hatte auch vorher in der Branntweinbrennerei oder als Knecht in Klassens Mühle jede freie Minute genutzt, um sein Wissen aufzubessern. Vor dem wissbegierigen Burschen war kein Buch sicher. Und bald gab es in Ohrloff und Umgebung auch kaum noch ein Buch, das er nicht gelesen hätte. Jetzt, wo ihm die ausgedehnten Reisen viel Zeit erlaubten, vertiefte er sein Selbststudium. Und in den Städten der Krim fand er Buchhändler. Wo immer Johann hinfuhr – seine Schulbücher waren mit bei ihm. Seine außerordentliche Auffassungsgabe half ihm dabei. Bald schon hatte er seine schulischen Grundkenntnisse nachgeholt. Er konnte gut lesen und schreiben, besaß gute Kenntnisse in den Naturwissenschaften und interessierte sich zunehmend auch für Biologie, Zoologie und Botanik. Er sprach, schrieb und las in Deutsch und Russisch und konnte sich mühelos mit anderen Völkern der Region unterhalten. Aus dem Schulabbrecher wurde so zunehmend einer der gebildetsten Mennoniten Südrusslands.

Dabei war es seine geliebte Steppe, die ihn umso magischer anzog, je länger er sie bereiste. Alles hier schien geheimnisumwittert: das mannshohe Steppengras, das sich bei jedem leichten Wind fast bis zur Erde beugte und somit

Wellen bildete, die jenen im Meer glichen, die hohen Hügel, von denen die Nogaier sagten, dass darin Fürsten und Könige des Altertums begraben seien und dann die Menschen selbst, die in diesen Steppen lebten. Irgendwie bildeten sie alle eine erstaunliche Einheit: Mensch, Tier und Natur. Johann faszinierte alles. Er beobachtete, formulierte Fragen und versuchte wenn und wo immer möglich, eine Antwort zu finden. Jugendliche in seinem Alter haben oft noch Spaß und Tollerei im Kopf – Johann interessierte das Leben.

Drei Jahre führte der junge Mann seinen Handel. Er hatte in diesen Jahren viel gesehen, die russische Sprache erlernt, Freundschaften und Beziehungen in den Siedlerdörfern und unter den Russen und Nogaiern aufgebaut und seinen guten Ruf als Geschäftsmann gefestigt. Dem jungen Cornies vertraute man. Und er hatte sich eine beträchtliche Summe Geld verdient. Jetzt konnte er den nächsten Schritt in seinem Leben machen.

2. Die Hochzeit und Umzug

Johann Cornies verbrachte eigentlich wenig Zeit mit der Jugend seines Dorfes. Zeit für engere Freundschaften und auch für Freundschaften mit Mädchen hatte er nicht. Wie vieles andere in seinem Leben, überfiel ihn die große Liebe quasi über Nacht. Die neunzehn Jahre alte Agnes Klassen aus dem gleichen Dorf, hatte sein Herz gewonnen. Zeit für eine längere Freundschaft hatte er nicht und dann war es unter den Mennoniten auch nicht üblich, dass man sich vor der Eheschließung traf. Gefiel einem ein Mädchen, dann zögerte man nicht lange und warb um ihre Hand. Johann machte ihr den Antrag, Agnes und ihre Eltern willigten ein und das Paar heiratete noch im gleichen Jahr 1811 in Ohrloff.

Wie damals üblich, bezog das junge Ehepaar zunächst die Sommerstube des Elternhauses. Und am 10. Dezember 1812 wurde ihnen ihr erster Sohn Johann geboren – zur hellen Freude der greisen Großeltern. Das glückliche Leben des jungen Paares schien nichts trüben zu können, außer dem Umstand, dass das elterliche Haus bald zu klein für zwei Familien wurde. Der bitterkalte Winter 1812, der bekanntlich Napoleon zur Falle wurde, zog auch in die Steppen Südrusslands mit unvorstellbarer Härte ein. Um die Kleintiere vor dem Erfrieren zu retten, nahmen die Bauern sie in ihre Wohnhäuser. Auch die Cornies folgten dem Beispiel anderer. Jetzt war das gute Haus übervoll. Für zwei Familien, Mensch und Tier war dieses Haus nicht gebaut.

Der immer praktisch denkende Johann erblickte sofort das Problem – er konnte nicht mehr lange bei den Eltern im Haus bleiben und musste ein eigenes Haus bauen. In Ohrloff war noch die Wirtschaft Nr. 4 frei und so übernahm der junge Mann diese Wirtschaft und baute im Frühling 1813 sein eigenes Haus. Er hatte durch seinen Handel 7.000 Rubel angespart. Mit diesem

Kapital wollte er nun seine eigene Landwirtschaft beginnen. Und diese sollte den anderen in nichts nachstehen. Im Gegenteil – er hatte eine revolutionäre Idee!

Wie vieles andere in seinem Leben, so baute Cornies auch sein Haus anders als es die Siedler typischerweise taten. Diese Andersartigkeit seines Hauses fiel sogar Zar Alexander I. auf, als er im Sommer 1814 Ohrloff besuchte. Es war ein großes, fürstliches Haus, das viel Platz für seine Familie und Gäste bot. Niemand im Dorf hatte ein so großes Haus. Die Landwirte dachten eher bescheiden und hatten die möglichen Ausfälle ihrer Verdienste vor den Augen. Wer wusste in der Steppe schon was das launische Wetter als nächstes bringen würde. So hatte man für das fürstlich ausgefallene Haus des jungen Einsteigers auch nicht mehr als Spott übrig. Dieser Grünschnabel, der noch nie ein Feld bestellt hatte würde schon sehen wie schnell sein angespartes Geld von den taurischen Winden verweht werden würde.

Wenn sie bloß wüssten, wie sehr sie sich in diesem „Grünschnabel" täuschten. Der junge Mann hatte längst alles berechnet. Und dem Gespött seiner Nachbarn widmete er keine Zeit. Sie sollten nur reden. Wie sollten sie auch anders. Wäre er wie sie, würde er sein eigenes Haus ebenfalls für überzogen groß halten. Aber er war nicht wie sie. Er kopierte niemanden von ihnen. Wenn er etwas nicht wollte, dann diesen mennonitischen Einheitszugang zum Wirtschaften und Leben.

Zum Winter 1813-1814 zog die junge Familie in das neu erbaute Haus ein. Nur wenige Monate später verstarb sein Vater. Wieder einmal hatte Johann alles rechtzeitig richtig gemacht. Wie hätte er im Haus, das nun seinem Bruder gehörte bleiben können. Jetzt war er in den eigenen vier Wänden und niemand musste zwischen ihm und seiner Familie vermitteln. Zusammen mit seiner Familie beerdigte er seinen Vater und widmete sich ganz seinen neuen Plänen.

Nein, Johann dachte nicht einmal daran das Wirtschaften der mennonitischen Siedler zu kopieren. Er organisierte seinen Betrieb anders als es bei den Siedlern üblich war. Diese setzten ganz auf den Ackerbau und die Milchwirtschaft. So kannten sie es von zu Hause in Preußen. Aber die Steppe war launisch und die Ausfälle waren groß. Johann hatte sich in den Jahren seines Händlerdaseins viele solcher Geschichten von den Bauern anhören müssen. Manch einer von ihnen stand vor dem Ruin, nur weil seine gesamte Ernte buchstäblich vom Winde verweht wurde. Der Steppenboden war sandig. Und wenn einmal ein Sturm aufkam, dann wirbelte dieser die gelockerte Erde einfach hoch. Und man war innerhalb weniger Stunden alles los, was man sich mit viel Mühe erarbeitet hatte. Nein, noch wollte und konnte Johann nicht in den Ackerbau investieren. Dinge mussten radikal anders werden, wenn der Ackerbau in der Steppe profitabel werden sollte. Und er, Johann, hatte da noch keine zündende Idee. Was er aber nicht verstand, das packte er auch nicht an. Warum auch? Nur weil es seine Glaubensbrüder so taten? Er war ja nicht blind, er sah, wohin das Werk ihrer Hände führte. Und die Milchwirtschaft war ebenso gefährdet. Die aus Preußen mitgebrachten Kühe fanden sich im harten Steppenklima nicht zurecht. Sie gaben viel zu wenig Milch und erlagen viel zu schnell allerlei Krankheiten. Mit einer solchen Wirtschaft konnte man mit Sicherheit nicht reich werden.

Der junge Mann hatte nachgedacht und so verwirklichte er eine revolutionäre Idee. Gegen alle Siedlervernunft kaufte er 1811 für wenig Geld 250 einheimische Schafe, die wegen ihrer schlechten Wolle nicht besonders begehrt waren und pachtete bei der Krone Weideland. Er entschied sich dafür seine Landwirtschaft mit einer Schafzucht zu beginnen. Das Gespött der Siedler wollte nicht verstummen. Immer musste dieser Cornies anders handeln als der Rest der Mennoniten. Warum holte er sich keinen Rat bei den Besten und Erfahrensten unter ihnen? Manch ein alter Bauer schaukelte mit dem Kopf ob der „Unvernunft" dieses 22-jährigen Wirrkopfs. Nicht, dass man ihm nicht anders geraten hätte. Das mennonitische Gemeindesystem funktionierte an dieser Stelle bestens. Man warnte ihn, einen großen Fehler zu begehen. Erfahrene Bauern luden ihn ein, für ein paar Jahre bei ihnen in die Lehre zu gehen und erst einmal zu lernen, wie man das Land erfolgreich bearbeitet. Als Sohn eines Matrosen, der an der Molotschna Kranke heilte, konnte er doch nicht wirklich wissen, wie man erfolgreich Landwirtschaft betrieb. Und in einer Branntweinbrennerei oder einer Mühle lernte man nun leider nicht das Land zu bewirtschaften, genauso wenig wie auf den Basaren einer Großstadt. Nein, dieser junge Mann musste den Bauern als völlig überdreht und unvernünftig erscheinen. Erst baute er sich für sein erspartes Geld ein Schloss und jetzt kaufte er völlig unnütze Schafe. Man war um ihn besorgt und warnte ihn vor dem sicheren Desaster. Aber Johann gab wenig auf ihre Warnungen. Wie immer schien er auf eigene Pläne fixiert zu sein. Hatten sie ihn nicht auch gewarnt, als er mit seinem Fuhrwerk auf die erste Fahrt in Richtung Krim aufbrach? Haben sie nicht auch da gespottet? Und hatte auch nur einer von ihnen recht? Nein. Johann hatte trotz seines Alters längst verstanden, dass seine mennonitischen Brüder nichts so sehr scheuten, wie Innovation und Veränderung. Vor nichts hatten sie mehr Angst. Über den eigenen Tellerrand zu blicken, fiel fast jedem von ihnen schwer. Sein Vater war da anders. Er erfand sich immer wieder neu und hatte Erfolg. Sicher auch nicht immer, aber aus Johanns Perspektive öfter als der Rest der Gemeinde. Und wenn er einem Mennoniten nacheiferte, dann doch seinem innovativen Vater.

Und der junge Mann sollte sie alle schon bald des Besseren belehren. Er hatte die nomadischen Nogaier gut beobachtet. Er hatte jahrelang die Steppe bereist und wusste den Wert dieser Steppe und ihrer Weiden einzuschätzen. Gerade die Schafzucht würde den Grundstock für seine Zukunft legen und das trotz aller Unkenrufe seiner mennonitischen Brüder. Und so kaufte er die ersten Schafe und pachtete das erste Weideland. Beides war eher billig zu haben. Um beides riss sich augenscheinlich niemand außer ihm. Frei und voller Mut ging der junge Mann ans Werk.

3. Die erste Schafzucht

Seine erste Schafherde bestand aus billigen, einheimischen Schafen, die keinen besonderen Wert auf dem Markt darstellten. Mit diesen Schafen reich zu werden, war ausgeschlossen. Nirgendwo konnte Johann sich mehr davon überzeugen, als bei den nomadischen Nogaiern. Diese weideten zum Teil große Herden, blieben aber trotzdem arm. Wenn seine mennonitischen Kritiker recht hatten, dann hier. Nein, Johann war nicht naiv als er diese Schafe erwarb. Im Gegenteil. Er hatte sich fortgebildet. Er wusste, dass ein Schaf nicht gleich ein Schaf ist. Und er hatte erfahren, dass man Schafe edel züchten kann. Freilich, eine Schule hatte er in dieser Hinsicht nie besucht. Und an der Molotschna, ja in der ganzen mennonitischen Welt Russlands, hätte es auch niemanden gegeben, der ihm etwas über die Schafzucht hätte sagen können. Gerne wäre er zu einem solchen Landwirt in die Lehre gegangen. Nicht einmal die nomadischen Nogaier, die von der Schafzucht lebten, wussten es besser. Vielleicht hatte er Berater gehabt. Wir wissen es nicht. Wahrscheinlich hatte er sein Wissen auch einfach auf seinen Reisen aufgeschnappt, dann Bücher gefunden und sich in die Materie eingelesen. Jedenfalls wusste Johann, dass die besten Schafe die spanischen Merinos sind und dass er diese direkt vom Zarenhof in St. Petersburg erwerben könne. Und er hatte genug über Spanien und Schafzucht gelesen, um zu wissen, dass die besten Schafe durch die Kreuzung einheimischer, wie schlecht diese auch sein mochten, und der Edelschafe entstehen. Denn ein gutes Schaf muss an die Naturbedingungen der Region angepasst sein. Es muss Wind und Wetter trotzen können und sich vom Gras ernähren, das eben hier in der Steppe wuchs. Wenn er, Johann, gute Schafe wollte, dann müsste man die einheimischen, angepassten Schafe mit den Merinos kreuzen. Und das tat der junge Mann auch. Für viel Geld kaufte er in der Hauptstadt Merinos und ließ sie unter enormen Aufwand an die Molotschna bringen. Seine Nachbarn staunten nicht schlecht als die ersten Edelschafe in der Kolonie ankamen. Sie waren immer noch skeptisch, aber langsam wich bei einigen die Skepsis und machte Raum für Neugierde. Was hatte dieser junge Wirrkopf bloß vor?

Bald schon mischten sich die ersten Edelschafe unter die einfache Schafherde. Und die Zucht begann. Johann hatte einen Russen, namens Luka als Hirten angestellt, und dieser erfahrene Hirte diente ihm praktisch sein Leben lang. Treu und bauernschlau war Luka. Früh scheint er das Talent des jungen Deutschen erkannt zu haben und unterstützte nun seine Experimente, wo immer möglich. Johann dachte also nicht daran, selbst bei den Herden zu bleiben. Nicht Hirte, Viehzüchter wollte er sein. Nein, er scheute nicht die Arbeit. Und er konnte genau so, wie jeder seiner angestellten Knechte anpacken. Vielmehr ging es ihm darum, vernünftige Arbeit zu konzipieren und das begonnene Projekt zum Erfolg zu führen. Das konnte ein Luka nicht und offensichtlich auch die meisten seiner Glaubensbrüder nicht. Sie arbeiteten fleißig und blieben arm, weil sie sich nicht fortbildeten. Johann dagegen hat eines der wichtigsten Prinzipien seines Glaubens begriffen: Wer dem Leben aus Gottes Hand nahe kommen will, der muss seine Ignoranz ablegen. Wie heißt es da im Epheserbrief 4,17-18: „Die Heiden sind dem Leben aus Gott entfremdet auf Grund ihres Unwissens und der Verhärtung ihrer Herzen". Veränderung setzt zuallererst die Erneuerung des Denkens voraus (Röm. 12,1-2). Aber genau hier setzte die Vorstellung der Siedler aus. Sie glaubten sich im Besitz der Wahrheit, folgten ihren eingefahrenen Wegen und reduzierten ihr Wissen auf das Niveau der Heiden. Das Ergebnis war entsprechend. Statt die gute Natur um sich herum zu beherrschen, wie es der Herr in Gen. 1,26f befohlen habe, wurden sie von der Natur heimgesucht, verloren ihre Ernten und blieben arm. Johann bildete sich fort. Er wollte wissen, wie man die Natur beherrscht, die Steppe kultiviert und sinnvoll bebaut. Und schon bald folgte der von ihm erwartete Erfolg.

Cornies Schafzucht entwickelte sich unerwartet schnell. Schon 1812 sah er sich gezwungen, große Weideflächen vom Kronland dazu zu pachten. Er zahlte für das Steppenland verhältnismäßig wenig Geld. Erst waren es nur zwei, später fünf und in den 40er Jahren, als seine Herden sehr groß wurden, 15 Kopeken[38] pro Desjatine. Das waren ideale Voraussetzungen, zumal für einen Mann, der sein Geschäft fest im Blick hatte. Sein Schäfer Luka erzählte, dass er die Herde auf eine Entfernung von über 90 Werst[39] herumtrieb. Doch egal wo er sich am jeweiligen Samstag mit der Herde befand, er musste seinem Herrn an diesem letzten Tag der Woche Rechenschaft ablegen. Johann wollte alles wissen. Vor allem anderen interessierten ihn die Ergebnisse seiner Zuchtversuche. Hier durfte nichts schief gehen.

Die Kritik seiner Landsleute verstummte langsam. Sie konnten zwar immer noch nicht verstehen, was und warum dieser Cornies tat, was er tat, aber sein Erfolg war offensichtlich. Seine Wolle war die beste und erzielte bald astronomische Preise. Aber die Siedler waren nicht das einzige Hindernis auf dem

---

[38] Russische Währungseinheit. Ein Rubel enthält 100 Kopeken.

[39] Russische Entfernungsangabe. 1 Werst = 1,07 Km. Siehe: http://de.wikipedia.org/wiki/Alte_Maße_und_Gewichte_(Russland) (1.3.2014).

Weg zum Wohlstand. Ein großes Problem waren anfänglich die umherziehenden Nogaier, die mit ihren Herden das Weideland abweideten. Johann hatte das Land gepachtet und sah sich nun in der Lage, den Nogaiern Bedingungen zu stellen. Es war keine freie Steppe mehr. Auch die Nomaden mussten sich an zivilisierte Regeln halten. Die von Cornies gepachteten Weiden gehörten ihm und waren für seine Herden vorgesehen. Eine Tatsache, die nur schwer in die Köpfe der Nomaden hinein wollte. Immer wieder verletzten sie die Grenzen seiner Weiden und trieben ihr Vieh auf sein gepachtetes Land. Johann sah sich schließlich nicht mehr imstande, allein mit dem Problem klar zu kommen und schaltete die Polizei ein. Das kam bei den Nogaiern aber nicht gut an. Auch wenn er der Sohn von Lekarenko war und in den Augen der Nomaden sicher Respekt verdiente – hier ging er zu weit. Freunde zeigen sich nicht bei der Polizei an. Die Nogaier nahmen es ihm übel und versuchten ihn sogar umzubringen. Seine regelmäßigen Ausritte zu der Herde, oft über weite Entfernungen hinweg, wurden gefährlich. Cornies musste etwas unternehmen. Sollte er in der Begleitung eines Polizisten reisen? Das kam für den Mennoniten nicht in Frage. Hatte er doch in seiner Taufe entschieden nicht dem Staat, sondern vor allem Gott zu vertrauen. Wie gewohnt klagte er Gott seine Not. Und dann kam ihm ein einfacher und zugleich genialer Gedanke. Er besorgte sich typische nogaische Kleider und reiste nur noch in diesen Kleidern durch die Steppe. Jetzt konnte man ihn nicht mehr von Ferne von einem seiner Feinde unterscheiden. Und Nogaier näherten sich ihrem Opfer immer aus der Ferne. Es war ja auch nicht schwer, all die anderen Völker von einem ihrer Leuten zu unterscheiden. Johann nutzte diese Besonderheit seiner Feinde und konnte sich so eine Zeit lang vor seinen Häschern verstecken. Trotzdem war die Sache nicht ungefährlich. Aber Johann hatte keine Angst. Er wähnte das Recht auf seiner Seite. Er hatte niemandem etwas weggenommen und war nun entschlossen sein Recht auch einzufordern. Und seine Entschlossenheit setzte sich schließlich durch.

Einer seiner Mitreisenden erzählte, wie sie eines Tages auf die Herde eines böse drein blickenden Armeniers stießen, der sein Vieh auf Cornies' Pachtland getrieben hatte. Sie hielten an und Johann fragte den Mann, warum er auf das fremde Pachtland seine Herden getrieben habe. Es kam zum Streit der immer heftiger wurde. Cornies forderte von dem Mann, Geld für die Nutzung seiner Weiden zu zahlen. Dieser weigerte sich. Dann drohte Cornies mit der Polizei und schließlich zahlte der Mann fürchterlich fluchend und sichtlich verärgert. Als Johann das Geld eingestrichen hatte, fragte er den Armenier mit ruhiger Stimme, ob sie denn bei ihm übernachten dürften. Seinem Mitreisenden verschlug es schier die Stimme. Da hatte der Mann eben mit unvorstellbarem Ärger zahlen müssen und nun verlangte sein Abkassierer noch Gastfreundschaft. Der Armenier willigte mürrisch zu. Die ganze Nacht schlief der Begleiter von Cornies nicht. Er befürchtete, dass der Armenier sich an ihnen rächen würde. Währenddessen schlief Cornies den Schlaf eines Gerechten unweit der Kibitka[40] des Armeniers. Woher nahm er bloß diese unvorstellbare Ruhe und Sicherheit, fragte sich sein ängstlicher Begleiter. War es sein Gottvertrauen, sein Wissen um sein Recht, die Kenntnis der Landessitten um die schier sprichwörtliche Gastfreundschaft der Steppeneinwohner? Cornies wusste offensichtlich, dass der Armenier seinem Gast, der von ihm nur das verlangte, was ihm zustand, nichts Böses antun würde. Jedenfalls nicht solange dieser in seinem Lager Gast war. Frühmorgens standen alle auf und Cornies frühstückte noch mit seinem unfreiwilligen Gastgeber und ritt dann fort. Der Armenier war bei weitem nicht so unfreundlich wie noch den Abend zuvor.

Ähnliche Geschichten sollen immer wieder passiert sein. Hier zahlte sich die große Kenntnis der Volkssitten der Nomaden, die Cornies genauestens beobachtete und studierte, aus. Langsam gaben die Nomaden nach und hielten sich an die Abmachungen.

Cornies großer Erfolg in der Schafzucht war bald in aller Munde. Von überall kamen Abgeordnete und bestaunten seine Tiere. Seine Erfolge erreichten auch die Verantwortlichen im Fürsorgekomitee in Ekaterinoslav. Auch dieses sah sich seine Arbeit näher an. Und schließlich machte das Fürsorgekomitee den tüchtigen Mann 1824 zum Vorsitzenden der mennonitischen Schafgesellschaft an der Molotschnaja.[41] Aus einem experimentierenden Landwirt wurde ein geschätzter Spezialist. Der Grünschnabel, über den seine erfahrenen Landwirte in Ohrloff nur noch Hohn und Spott übrig hatten, versetzte sie nun alle in Staunen. Nicht sie – er wusste wie man es besser macht.

4. Pferde- und Rinderzucht

Im Jahr 1816 beschloss Cornies seine Schafzucht mit einer Pferdezucht zu ergänzen. Seine Schafe entwickelten sich prächtig. Das Geschäft mit der Wolle brachte gutes Geld. In den fünf Jahren, die seit dem Start verflossen waren, entwickelt er sich zum bei weitem größten Schafzüchter der Region. Und schon lange war es nicht nur die Wolle, die seinen Wohlstand mehrte. Das meiste Geld machte er jetzt mit seinen Zuchtschafen. Diese hatten sich hervorragend an die lokalen Steppenbedingungen angepasst und zugleich jene Wollqualität behalten, die die spanischen Merinos auszeichnete. Jetzt konnte die nächste Etappe der Entwicklung seiner Wirtschaft angegangen werden.

---

40 Russisch für einen überdachten Leiterwagen, in dem der Hirte inmitten seiner Herde wohnte.

41 http://www.mennlex.de/doku.php?id=art:cornies_johann (10.1.2013).

Nein, auch jetzt kehrte der junge Mann noch nicht zum Ackerbau seiner mennonitischen Brüder zurück. Er plante, mit einer Pferdezucht zu beginnen. Die Zugpferde der Siedler, die sie noch aus Preußen mitgebracht hatten, waren gut im Feld, aber schlecht bei Reisen durch die Steppe. Sollte da nicht ein ähnliches Experiment wie mit der Kreuzung der Schafe gelingen? Johann vertiefte sich in die Lektüre der Bücher über Pferdezucht und beschloss schließlich, den Schritt zu einem eigenen Gestüt zu wagen. Er hatte genug gelesen, gehört und geplant. Das Projekt konnte kaum schief gehen. Was er brauchte waren Pferde, die am besten an die Steppe Tauriens angepasst waren und doch leichtfüßig blieben.

Er reiste durch den Süden des Landes, ganz besonders durch die Don-Region, die berühmt war für ihre leichtfüßigen, zähen Kosakenpferde und kaufte überall die besten Zuchtpferde auf. Geld dafür brachten ihm seine Schafherden. Dann legte er sein erstes Gestüt an. Und wieder breitete sich Skepsis in den Dörfern der Molotschnaja aus. Kein Mennonit hatte je von Pferdezucht leben können. So viele Pferde wurden übrigens ja auch kaum gebraucht. Der Markt war begrenzt. Und fast jeder Bauer sorgte dafür, eigenen Nachwuchs zu züchten. Wie wollte man da von einer Pferdezucht leben?

So dachten die Siedler, aber nicht Cornies. Nicht die Kolonie – die weite Welt war sein Markt. Nicht für den eigenen Bedarf – für die Gesellschaft insgesamt wollte er Pferde züchten. Das Denken in geschlossenen Räumen wurde ihm schon lange fremd. Und deshalb packte er das Projekt an. In seinem neu angelegten Gestüt kreuzte er das Kosakenpferd mit dem von deutschen Siedlern mitgebrachten, schweren preußischen Arbeitspferd. Herauskam ein Pferd, das bestens an die Arbeitsbedingungen im Ackerbau angepasst war und zugleich geeignet war, auch weite Fahrten mitzumachen.[42] Seine Landsleute staunten nicht schlecht als diese neuen Pferde von Cornies Hof sowohl auf dem Feld, als auch auf der Straße mühelos ihre eigenen ausstachen. Und langsam kauften sie ihm die neuen Pferde ab.

Bald waren auch Cornies' Pferde berühmt und man nahm ihm ein Durchschnittspferd für 130 Rubel ab. Manch ein Prachthengst konnte sogar bis 500 Rubel bringen. Bis 1847 wuchs die Herde seiner Pferde auf über 500 an.[43] Und mit dem Wachstum seiner Herde wuchs auch sein Ruf als Viehzüchter. Seine ehemaligen Kritiker in der Kolonie sahen zu ihm auf, kauften seine Schafe und Pferde und bewunderten seinen Erfolg.

Seinen Zuchtexperimenten mit Schafen und Pferden folgte schließlich auch eine Rinderzucht. Er kannte die Anfälligkeit der aus Preußen mitgebrachten

---

[42] Epp 1998:60.

[43] Epp 1946:23; Epp 1998:60.

Rinderrasse nur zu gut. Jedes Jahr verloren die Bauern einen Teil ihres Viehbestandes. Besonders gefährlich waren in dieser Hinsicht die harten Winter. Vielleicht hätten die deutschen Milchbauern auch schon längst ihre Rinderbestände gegen die einheimischen Rassen eingetauscht. Aber diese brachten zwar besseres Fleisch, dafür aber weniger Milch. Und auf Milchproduktion hatten sich die Bauern nun mal spezialisiert. Wieder kreuzte Cornies die preußischen und die russischen Rinder und züchtete somit die weit über die Grenzen Russlands bekannt gewordene Rote oder Deutsche Kuh. Diese war nun an die Bedingungen des Landes angepasst und gab genausoviel Milch wie die preußische. Landwirte waren begeistert und Johann hatte ein neues Geschäftsmodell. Bald verkaufte er Kühe bis in die Wolga Region.

5. Juschanlee

Im Jahr 1830, so berichtet Cornies' Biograph David Epp, rastete Cornies eines Nachts in der Nähe des kleinen Flusses Juschanlee. Er trieb seine Schafe zusammen und übernachtete am Fluss. Als er am nächsten Morgen aufwachte und, wie es seiner Gewohnheit entsprach, neugierig das Land auf dem er gerastet hatte überprüfte, staunte er über die Bodenbeschaffenheit und das Gras. Überhaupt schien dieser Platz etwas Besonderes zu atmen. „Hier sollte ich einmal ein Muster-Vorwerk bauen, eine Muster-Wirtschaft an der die Menschen der Umgebung lernen sollen gut und erfolgreich zu wirtschaften“, beschloss er. Es war das von ihm gepachtete Weideland. Die Krone würde ihm mit Sicherheit den Aufbau eines solchen Mustergutes genehmigen.

Wir wissen nicht genau, ob dieses Erlebnis Cornies in seiner späteren Lebensplanung entscheidend beeinflusste, fest steht, dass der hier ins Auge gefasste Plan bald zum Programm werden sollte. Nicht mehr nur erfolgreicher Landwirt wollte er sein, sondern Lehrer und Ausbilder seines Volkes. Bei ihm sollten die Mennoniten und möglicherweise auch andere Menschen lernen, wie man sein Leben so organisiert, dass es Gott wohlgefällig und erfolgreich zugleich ablaufen kann. Später bezog Cornies seinen Lebensplan nicht nur einmal auf Gottes Führung. War das hier eine Art Berufungserlebnis?

Schon in der nächsten Zeit baute Cornies am gleichen Ort eine Erdhütte als Zeichen seiner Hoffnung, dem Beispiel der alttestamentlichen Väter folgend. Sie legten Steine zusammen um den Platz zu markieren, auf dem Gott zu ihnen geredet habe – Cornies baute eine Erdhütte. Hier, wo das Steppengras in aller Freiheit grünte, sollte bald eine zivilisierte und kultivierte Landschaft entstehen. Nein, nicht noch eine Kopie der preußischen Dörfer. Nicht ein weiteres Tiegenhagen oder Rosenort sollte hier werden. Wie der Name des späteren Gutes eindeutig verriet, sollte hier ein einheimisches Gut entstehen, Juschanlee eben. Hier würde man nicht kopieren, sondern in die Zukunft bauen und lernen, wie man mit Glauben und Verstand die Natur beherrschen und bebauen kann.

Schon bald begann der Ausbau dieses berühmten Mustergutes. Franz Blüher schildert das Gut in seinen Reiseaufzeichnungen aus dem Jahr 1847 wie folgt:

> „Juschanlee ist vor 17 Jahren gegründet und enthält 3500 Desjatin Landes, ein geräumiges Wohnhaus, viele Stallungen und Wirtschaftsgebäude. Welche sämtlich aus Ziegelsteinen erbaut und mit Dachpfannen gedeckt sind, somit eine eigene Ziegelbrennerei. Bei der Wohnung ist ein ausgedehnter Fruchtgarten mit 2.200 ausgewählten Obstbäumen und 1.750 diversen fruchttragenden Sträuchern. Hinter Hand von den Gebäuden ist eine große Anlage, 68.000 Stück verschiedener Waldbäume und eine große Baumschule mit jungen Obst- und Waldbäumen, die zu billigen Preisen verkauft werden. Die Länge der Anlage beträgt 1 Werst, die Breite ca. ¼ Werst und wird noch mit jedem Jahr vergrößert."[44]

Es war in jeder Hinsicht ein Mustergut. Von überall her kamen Bestellungen nach Baumsetzlingen. Und auch andere Erzeugnisse des Gutes wurden geschätzt. Juschanlee wurde berühmt und gab seinem Besitzer enormen Ruhm. Die Zahlen belegen es. Im Jahr 1845 veröffentlichten Rechenschaftsbericht über die Wirtschaftstätigkeit von Juschanlee im Jahr 1845 wird eine Gesamteinnahme von 617.199 Rubel und 80¼ Kopeken aufgeführt. Für die damaligen Zeit eine erstaunliche Summe.[45]

Cornies betrieb in Juschanlee auch Ackerbau. Nach Jahren erfolgreicher Viehzucht widmete er jetzt seine Aufmerksamkeit auch dem wichtigsten Handwerk seiner Landsleute. Dafür standen ihm 270 Desjatinen Land zur Verfügung. Ganz im Stil der mennonitischen Bauern, setzte er Ochsen als Arbeitstiere ein. Die Arbeit verrichteten in der Regel Tagelöhner. Viele davon aus den benachbarten russischen Dörfern. Sie sollten in Juschanlee erfolgreiche Landwirtschaft, Disziplin, Ausdauer und Fachwissen kennenlernen. Seit 1840 schickte die Regierung auf sein Gut Lehrlinge, sogenannte Kronsburschen, die alle Zweige seiner Wirtschaft kennenlernen sollten, um dann zu Hause ihre eigene Landwirtschaft entsprechend zu verbessern.

Aber das Kerngeschäft blieb auch in Juschanlee die Viehzucht. Und sie konnte sich sehen lassen. Auf 8.000 Merinoschafe waren seine Schafherden angewachsen. Um ihre Qualität zu verbessern, kaufte Cornies 1.827 Merinoböcke in Sachsen. Seine 200 holländischen Rinder gaben am Tag zwischen 25-30 Liter Milch, die verkauft wurde oder gleich im Gut zu Käse und Butter verar-

[44] Zit. nach Epp 1946:21.

[45] Klassen 1989:21.

beitet wurde. Juschanlee-Käse war weit und breit bekannt und für seine Qualität berühmt. Im Jahr 1835 kaufte er in der Nähe Moskaus zehn Kühe und zwei Bullen. Diese kreuzte er nun mit seinen europäischen, von den Siedlern aus Preußen mitgebrachten Kühen. Die Kreuzung gelang. Die veredelten Rinder waren stärker und gaben auch mehr Milch.[46]

Ähnlich erfolgreich war die Schweinezucht von Juschanlee. Cornies holte seine Zuchtschweine aus England. Sein Zuchteber soll ein preisgekröntes Tier von der landwirtschaftlichen Weltausstellung in London gewesen sein.

Auch das Gestüt verlegte Cornies nach Juschanlee. Um die Pferde an Stallungen, Gebäude und Menschen zu gewöhnen, baute er die Tränke für die Pferde im Hof. Geschickt zwischen zwei Häusern angebracht und so groß gebaut, dass eine Herde von ein paar hundert Tieren relativ schnell getränkt werden konnte. Das Wasser kam aus dem Brunnen und wurde durch eine besondere Vorrichtung in den Holztrog gefördert. Es versetzte die Reisenden immer wieder ins Staunen, wenn sie zusahen, wie die Pferdeherde zu bestimmten Zeiten ganz von selbst auf den Hof vordrängte, trank und wieder recht geordnet in die Steppe abzog. Gewöhnt an Haus und Menschen, gelang auch die Zähmung der Pferde viel leichter.

Auf dem Hof befanden sich neben den landwirtschaftlichen Anlagen und der Milchverarbeitung auch eine Ziegelbrennerei und ein Werk zur Herstellung von Dachpfannen und Kacheln in vorzüglicher Qualität. Während die Ziegel in der Regel nicht verkauft wurden und nur zum eigenen Bedarf hergestellt wurden, verkaufte Cornies die Dachpfannen und die Kacheln für gutes Geld. Cornies versuchte es auch mit Tabakanbau und einer Zigarrenproduktion. Diese musste jedoch still gelegt werden, wohl aus Genehmigungsgründen.

Und in allen diesen Betrieben arbeiteten Menschen aus der Umgebung. Cornies stellte sie ein, förderte sie wo immer möglich und suchte somit seiner Berufung, Menschen für ein besseres Leben auszubilden, treu zu werden. Von Anfang an waren es nicht nur mennonitische Knechte. Sein erster Hirte war der Russe Luka. Jugendliche aus russischen und nogaischen Dörfern kamen hinzu. Juschanlee wurde zu dem, was Cornies an jenem besagten Morgen gesehen hatte: zum Muster-, und Lerngut für viele.

Cornies baute sein erstes Gut auf Pachtland. Für relativ wenig Geld hatte er das Land von der Krone auf unbestimmte Zeiten gepachtet und musste natürlich damit rechnen, dass man ihm dieses Land wieder wegnahm. Doch seine Verdienste in der Landwirtschaft waren so groß, dass Zar Nikolai I. im Jahr 1836 per Erlass 500 Desjatinen des Juschanlee-Landes Cornies schenkte. Damit

[46] Gavel 1848:16.

bedankte sich die Regierung für die großen Leistungen dieses einfachen, mennonitischen Mannes in Sachen Kultivierung der südrussischen Steppe.

6. Taschenak und Verigino

Über zwanzig Jahre blieb Cornies auf gepachtetem Land. Juschanlee blühte. Aber das Land gehörte immer noch der Krone. Es ist nicht bekannt, warum er nicht längst das weite Land um sein Gut erwarb. Geld hatte er dafür. Man kann nur vermuten, dass die Regierung ihm das Land wohl verkauft hätte. Aber Cornies hatte sicher seine Gründe es beim Staat zu belassen. War es sein politischer Weitblick? Hielt er sich selbst auf diese Weise in Erinnerung bei den Behörden? Wollte er damit seine Landsleute ermutigen, auch auf gepachtetem Land zu wirtschaften? Diese waren nach wie vor allem Staatlichen gegenüber skeptisch und wirtschafteten am liebsten auf eigenem Grund und Boden. Hatte er gar sein Gut als Lehranstalt für die vielen Kronsburschen im Blick, die bald aus ganz Taurien zu ihm nach Juschanlee geschickt wurden? Hielt er gar Juschanlee für ein Geschenk Gottes an die Menschen in der Region? Wir wissen es nicht genau. Cornies war nicht grundsätzlich gegen Privatbesitz. Im Gegenteil. 1832 erwarb er vom Gutsbesitzer Granobarskij dessen Gut Taschenak in der Nähe Melitopols mit 3.350 Desjatinen Land. Und zehn Jahre später kaufte er das Nachbargut Verigino mit 1.600 Desjatinen Land dazu. Auch diese beiden Güter wurden musterhaft ausgebaut und entsprechend verwaltet.[47] Cornies fand für alle seine Unternehmungen Zeit, setzte immer wieder auf richtige Leute. Ihm gelang fast alles, was er anpackte. Juschanlee aber kaufte er nicht. Zar Nikolaus I. schenkte ihm schließlich das Land auf dem das Gut erbaut wurde, 500 Desjatinen insgesamt für seine bleibenden Verdienste in der Entwicklung der Landwirtschaft. Erst jetzt nahm er es an, so als würde er darauf gewartet haben, dass der Auftrag, den er von Gott empfangen zu haben glaubte, auch von Gott selbst in seinen Besitz verwandelt werden musste. Wie gesagt: vielleicht. Cornies selbst hatte sich dazu nie geäußert. Er befleißigte sich nur das Gut so auszubauen, dass es den Menschen diente und wenn dabei auch sein Besitz gemehrt wurde, sollte es ihm nur recht gewesen sein.

7. Erfolgreich und geehrt

Die Verdienste Cornies' sprachen sich herum. Das Fürsorgekomitee in Ekaterinoslav und später in Odessa sah bald in ihm die wichtigste Ansprechperson in Sachen Landwirtschaft der Siedler. Die Kunde von seinem Fleiß und Erfolg erreichte auch den Zarenhof in St. Petersburg. Im Jahr 1825 besuchte der

47 Epp 1998:62.

russische Zar Alexander I. wiederholt Taurien und auch Cornies in dessen Haus in Ohrloff. Alexander I. war tief beeindruckt von dem was er sah. Dieser junge und fromme Bauer aus Preußen hatte unübersehbar Talent, großes Talent. Alexander selbst hatte sich vor allem durch Begegnungen mit der baltendeutschen Baronin Juliane von Krüdener (1764-1824)[48] dem Pietismus und somit dem individuellen und zugleich praktischen und lebensfrohen Glauben zugewandt. Am deutlichsten war dieser Einfluss durch die Gründung der Russischen Bibelgesellschaft im Jahr 1812 sichtbar gemacht worden. Auch in Ohrloff hatte Cornies eine Niederlassung dieser Gesellschaft wenige Jahre vor dem Besuch Alexander I. gegründet. Den persönlichen Glauben sieht man zuerst und vor allem im praktischen Alltag eines Menschen und auch und vor allem im gesellschaftlichen Engagement, lehrten die pietistischen Väter. Und Cornies war an dieser Stelle das beste Beispiel dafür. Zar Alexander erblickte somit in Johann Cornies einen geistigen Verwandten und war ihm auf Anhieb sehr wohlwollend zugetan.[49] Und wen der Zar mit seinem Wohlwollen bedachte, dem erwiesen auch die Behörden ihre Referenz. Und Cornies war bei den russischen Behörden sehr beliebt. Der Leiter des Fürsorgekomitees Contenius und sein Nachfolger, der einflussreiche Fürst Woronzow und viele anderen Beamte und Politiker in der Region waren oft Gast in seinem Haus. Zar Alexander II., damals noch Großfürst, besuchte ihn in Juschanlee. Und unter Zar Nikolaus I. wurde Cornies auf Grund seines Lebenswerkes zum korrespondierenden Mitglied des Gelehrtenkomitees des Reichsministeriums in St. Petersburg ernannt. Kein anderer deutscher Landwirt und Siedler in Russland erfuhr so viel Aufmerksamkeit und Anerkennung des offiziellen Russland. Und zugleich gab es wohl auch keinen zweiten Deutschen, der diese Stellung so geschickt für seine eigenen Ziele zu nutzen wusste.

---

48 Zum Werk und Lebensverdienst der Baronin von Krüdener und vor allem ihrem Einfluss auf den russischen Adel und ganz besonders Zar Alexander I. siehe die herausragende Dissertation von Debora Sommer (Sommer 2013).

49 Tegeler (2006:60ff) vertritt allerdings die Ansicht, dass sich der Zar zum Ende seines Lebens vom Einfluss der Pietisten stärker distanzierte und eher liberal-mystischen Ansichten zuneigte.

Kapitel 3
Die Kolonie als Lebensraum

1. Die Kolonie als Musterwirtschaft

Die russische Krone siedelte die deutschen Übersiedler nicht ohne Plan an. Seit Katharina II. stellten die europäischen Einwanderer einen festen Posten im Programm der Europäisierung und Kultivierung des Russischen Reiches dar. Die Europäer sollten eine neue Kultur des Wirtschaftens[50] nach Russland bringen. Und mit der Ansiedlung deutscher Bauern in Südrussland verband man berechtigte Hoffnungen, die Landwirtschaft insgesamt auf ein anderes Niveau im gesamten Reich zu heben.

Freilich stellte das russische System der Großbesitzer mit den leibeigenen Bauern auf dem Feld ein deutliches Hindernis dar. Europäische Siedler kamen nach Russland auf der Suche nach mehr Freiheit und da verhieß ihnen die russische Landwirtschaft wenig Gutes. Schon unter Katharina II., führte man deshalb für die ankommenden Siedler das Koloniesystem ein. Danach siedelte man die Ankömmlinge in geschlossenen Räumen an, eben in Kolonien, die aus mehreren Dörfern und Einsiedlerhöfen bestehen konnten und die anders als die meisten russischen Bauern der typischen Willkür der Großgrundbesitzer entzogen waren. Der direkte Ansprechpartner der Kolonien war nicht die lokale Behörde, sondern eine extra eingerichtete Verwaltungseinheit, das sogenannte Fürsorgekomitee im Ministerium für Reichsdomänen in St. Petersburg. Vor Ort wurden die Kolonien angehalten eine eigene administrative Verwaltung einzurichten. So konnte der Ausbau von Musterwirtschaften ungehindert von statten gehen.

Man kann daher mit recht annehmen, dass die Schaffung des kolonialen Systems recht eigennützige, innenpolitische Ziele verfolgte. Wie wichtig der Zentralregierung das Gelingen des Kolonieprojekts war zeigt die Akribie, mit der man die Verwaltung der Kolonien umorganisierte, nachdem die ersten Ansiedlungen während der Regierungszeit Katharina II. massive Probleme aufwiesen. Die siedlungswilligen Einwanderer mussten oft jahrelang auf die Landzuteilung warten, weil die lokalen Behörden sich „typisch russisch“ verhielten. Zar Paul nahm mit seinem Erlass vom 4. März 1797 zur Schaffung einer besonderen Abteilung für die Betreuung ausländischer Siedler am Senat in St. Petersburg die Initiative in die eigene Hand. Alexander I. schuf schließlich das Verwaltungssystem, das die erste Hälfte des 19. Jahrhunderts bestimmte.

Und das System erwies sich schließlich als überaus erfolgreich. Harthausen, der die deutschen und auch die mennonitischen Kolonien Südrusslands im

---

50 So verweist der Bericht des Innenministers Kochubei an Zar Alexander I. vom 20. Februar 1804, der sich ausdrücklich mit der Einwanderung Deutscher beschäftigt, darauf, dass man bevorzugt Musterbauern ins Land lassen möchte (siehe in Epp 1997:133-134).

19. Jahrhundert bereiste, stellt nicht ohne Stolz fest: „Ich habe die landwirtschaftlichen Verhältnisse dieser Mennonitencolonie an der Molotschnaja deshalb so ausführlich beschrieben, weil sie von dem deutschen Fleiße, der deutschen Ordnungsliebe, der hohen Cultur und Sittlichkeit ein unwidersprechliches Zeugniß ablegen, und weil sie zweitens von einer noch keineswegs hinreichend anerkannten Bedeutung für Rußland sind. In ganz Rußland existirt kein Landstrich, wo im Ganzen eine so gleichmäßig hohe Cultur des Bobens und der Bevölkerung herrscht, wie hier. Sie können dem Gouvernement als Maßstab, allen russischen Völkern aber als Muster dienen, wie weit man es mit Fleiß, Sittlichkeit und Ordnung bringen kann!"[51]

Die Russische Krone hatte somit alles richtig gemacht. Schon bald blühten die deutschen Kolonien in Südrussland auf. Nicht nur wurde hier die unbewohnte und unkultivierte Steppe erschlossen, die Deutschen brachten ihre Kultur mit und ihr sprichwörtlicher Fleiß schuf blühende Landstriche. Und darin kam den Mennoniten im Allgemeinen und Johann Cornies im Besonderen eine wichtige Rolle zu. Weit über sein zur Heimat gewordenes Taurien war seine Viehzucht bekannt geworden. In ihm fand man jenen deutschen Kolonisten vor, wie man ihn sich in St. Petersburg vorstellte.

2. Kolonie ja – aber wie?

Dabei war der Erfolg der Kolonie unter den Mennoniten und überhaupt unter den deutschen Siedlern alles andere als selbstverständlich. Mennonitische Siedler kamen nach Russland ohne jegliche Erfahrung in kolonialen Strukturen. In ihrer preußischen Heimat lebten sie mitten unter der Bevölkerung. Politik und Gemeinwesenverwaltung war ihnen an sich fremd, ja theologisch sogar suspekt. Doch genau das mutete ihnen die russische Regierung nun zu. Sie erhielten ein Maximum an Freiheit und Selbstorganisation.[52] In der Heimat wehrten sie sich gegen den Staat und sahen ihre Glaubensgemeinde als höchste Autorität in allen Fragen des Lebens an. Und Gemeinde war an dieser Stelle die Gemeinschaft aller Glieder der Mennonitengemeinde. Man entschied also zusammen. Jeder Mann hatte Recht und Stimme.

In Glaubensfragen gab es dabei einen gewissen konfessionellen Rahmen, der den Auswuchs unter Kontrolle hielt, jetzt musste aber das soziale und wirtschaftliche Zusammenleben geordnet werden. Gelebte Basisdemokratie konnte schnell ausufern und erwies sich, je länger desto deutlicher, als das

---

51 Harthausen 1847:196.

52 Bondar 1916:32 macht deutlich, dass die russische Regierung sich durchaus der Spannung, in die die Mennonitischen Siedler durch die Selbstverwaltung gebracht wurden, bewusst war.

größte Hindernis in der Struktur des sozialen mennonitischen Raumes.[53] Entscheidungen wurden verzögert. Im Zweifelsfall ging man zu dem zurück was man noch aus der alten Heimat kannte. Fortschritt wurde oft als Untreue zum altbewährten Glauben diffamiert und konservative Kräfte hatten in der Regel die Oberhand.

Eine entscheidende Rolle kam dabei den Gemeindeältesten und den Predigern wie den Diakonen der Gemeinde zu. Diese wurden traditionell aus der Mitte der männlichen Gemeindeglieder gewählt und verfügten in der Regel über wenig theologisches oder auch allgemeines Wissen. Der mennonitische Historiker Peter. M. Friesen bescheinigt den meisten Ältesten der Mennonitengemeinden vor 1850 wenig geistliche und intellektuelle Kompetenz.[54] Aber sie leiteten die Gemeinschaft und sie hatten durch den Erlass des Zaren, der sie nach Russland gebracht hatte, fast grenzenlose Autorität erhalten. Der erste Artikel des Erlasses, *Vom Gehorsam gegenüber der Kirche* besagt: „Die erste Pflicht der Siedler besteht im Gehorsam gegen das Gebot ihrer Kirche."[55] Die Mennoniten interpretierten in diesen Satz eine gewisse Unantastbarkeit der Kirche in allen Belangen des Lebens, was der Artikel selbst kaum besagte. Es musste daher immer wieder zu Konflikten mit den Selbstverwaltungsbehörden der Dörfer und der Kolonie kommen. George Epp beschreibt anschaulich solche Konflikte zwischen der Leitung der Mennonitengemeinde und dem Oberschulzen der Molotschnaer Kolonie Claas Wiens, der zur Zeit des jungen Cornies das Gebietsamt leitete. Beim Konflikt soll es angeblich nur um „ein Stück Holz" gegangen sein.[56] Die geringste Kleinigkeit, die nach einem Machtwort verlangte, konnte also zum Machtgerangel zwischen der Kirchenleitung und der Verwaltung führen. Und in der Regel behielten die Ältesten die Oberhand. So auch im Fall Wiens. Der Oberschulze, der eigentlich Recht hatte, musste den Kürzeren ziehen und sich der Meinung seiner geistlichen Vorgesetzten anschließen. Verärgert zog er sich aus dem Amt zurück.

Vertrauen gewannen die Gemeindeleiter beim einfachen Gemeindeglied auf diese Weise auf Dauer nicht. Erst recht nicht, wenn sich die Ältesten für Entwicklungen aussprachen, die zwar der Tradition dienten, im Alltag jedoch wenig weiter führten. Entsprechend schlecht war am Ende ihr Ruf. Und dieser leitete schließlich Spannungen auf der Leitungsebene ein und verursachte letztlich Spaltungen. Peter M. Friesen nannte den so entstandenen Geist in

---

53 Siehe mehr bei Toews 1982:8ff.

54 Friesen 1911:48.

55 Zit. Nach Epp 1997:125.

56 Epp 1997:146f.

den Gemeinden einen „furor mennoniticus“, der seines Erachtens nur die Gemeindeleitungen befiel.[57]

Zu der sozialen und wirtschaftlichen Inkompetenz der Ältesten kamen theologische Unstimmigkeiten. Die aus Preußen nach Russland gekommenen Mennoniten waren keineswegs homogen. Nicht nur hielten sie sich immer noch ethnisch an ihre mitgebrachte flämische oder friesische Identität, sondern hatten auch sonst in mancherlei Fragen des Glaubens unterschiedliche Vorstellungen.

Der Älteste der Gemeinde an der Molotschna Jakob Enns und seine Prediger, allen voran Klaas Reimer, zeichneten sich noch in ihrer alten Danziger Heimatgemeinde durch Opposition gegenüber jeder Neuerung in der Gemeinde aus. Freilich stand in Danzig auch nicht alles zum Besten, aber die Neuerungen gegen die sich Reimer und seine Gefolgschaft aussprachen, waren kaum der Rede wert, handelte es sich in der Regel um althergebrachte Sitten, Moden, Gebäude und Sprache. Sie regten sich beispielsweise darüber auf, dass man nun den Ohm[58] einen Ältesten, den Lehrer einen Prediger und den Diakon einen Vorsteher nannte. Damit war in ihren Augen „die biblische Sprache aufgegeben worden“. Oder man hob in Danzig das bis dahin übliche Verbot, die Schwester der verstorbenen Ehefrau zu heiraten, auf.[59] Und wieder waren Reimer und seine Gefolgsleute dagegen. Theologisch schwerwiegender war da vielleicht nur die um sich greifende Praxis der preußischen Mennoniten, die Streitfragen materieller Natur nun doch vor dem weltlichen Gericht schlichten zu lassen. Zu kompliziert waren die preußischen Gesetze geworden und die pastoralen Schlichter zu wenig ausgebildet, um hier adäquat helfen zu können. Aber mit der Entscheidung, den Gemeindegliedern zu erlauben weltliche Gerichte anzurufen, wurde eine theologische Grenzlinie zwischen der Gemeinde und der Welt übertreten. Für die Konservativen ein deutlicher Hinweis für den geistlichen Zerfall der Gemeinde. Sicher kamen in der großen Danziger Gemeinde Verfehlungen wie Trunk-, und Tabaksucht, Steuerhinterziehung, Schlagen von Dienstpersonal und anderes vor. Und sicher suchte auch manch ein Jugendlicher die Tanzfläche und Spielhalle auf.[60] Aber in der Gemeinde bemühte man sich doch um Zucht und Ordnung. Die Welt in Preußen hatte sich geändert. Die Gemeindeleitung musste nach neuen Mitteln und Wegen suchen, um die Gläubigen zusammenzuhalten. Aber die Probleme waren für einen Mann wie Klaas Reimer, wie für viele seiner traditionalistischen Anhänger, Beweis genug für einen Abfall vom

---

57 Friesen 1911:144.

58 Ohm (plattdeutsch) = Onkel, ältere Person, Ältester.

59 Ebd:144-145.

60 Ebd: 146.

Glauben. Mit seiner Auswanderung nach Russland glaubten er und seine Gefolgschaft, neu anfangen zu können. Immerhin unterstützte sogar der Staat die Kirche in ihrem Anspruch, von den Gemeindegliedern in allen Dingen Gehorsam zu verlangen. In einem Staat in dem sie alle ihre Belange selbst würde regeln können, in dem man die Mauern um die Gemeinde würde hoch ziehen können, werde man der Sünde und dem moralischen Zerfall bald Herr werden, dachten sie.

Doch auch hier kam es bald zu Spannungen. Auch hier in Russland musste man mit Verfehlungen klar kommen. Schnell lebte sich Reimer mit dem eher schwachen Gemeindeältesten Enns auseinander. Autoritärer müsste er leiten, deutlicher bei Verfehlungen durchgreifen. Aber Enns schien manches Problem nicht so ernst zu nehmen und verfehlte sich ab und an sogar selbst. Klaas Reimer verließ schließlich die Molotschnaer Gemeinde und gründete eine eigene kleine Gemeinde.[61]

Johann Cornies erlebte aus erster Hand die vielfältigen Konflikte innerhalb der geistlichen Leitung seiner Kirchengemeinde. Und er beobachtete auch, dass der russische Staat seiner Glaubensgemeinschaft zwar weitgehende Autonomie einräumte, diese aber nicht einfach walten und schalten ließ. Als Ältester versuchte Enns die Ausweisung Klaas Reimers und seiner Gruppe aus der Kolonie durch das russische Fürsorgekomitee, die Kolonieverwaltung in Jekaterinoslaw, zu erwirken, winkte diese ab und alles blieb beim Alten.[62] Es gab also doch eine weltliche Gewalt, die notfalls auch zu handeln wusste. Und natürlich musste man als Glaubensgemeinde auch mit dieser weltlichen Gewalt klar kommen. Und das verlangte nach politischem Fingerspitzengefühl.

Die russischen Behörden hatten das Fürsorgekomitee unter dem Ministerium für Reichsdomänen eingerichtet, das ab 1763 in St. Peterburg und dann ab 1800 ihren Sitz in Jekaterinoslaw und ab 1833 in Odessa hatte[63] und dafür sorgte dass das Leben in der jeweiligen Kolonie in allen Belangen geordnet ablief. In den Kreisen wurde eine Art Gebietsverwaltung, das Oberschulzenamt eingerichtet, das von den Siedlern selbst durch Wahlen besetzt wurde und in gewissen Streitfragen einzuschreiten hatte. Diese wurde jedes dritte Jahr neu besetzt. Und wer sich eine Chance zur Wiederwahl ausrechnete, musste wohl oder übel mit den konservativen Siedlern kooperieren. Wie schnell man das Amt wieder los war, zeigt das oben angeführte Beispiel Claas Wiens deutlich.

Erfolgreiche Mennoniten wie Cornies forderten bald eine konsequente Trennung von kirchlicher und wirtschaftlich-sozialer Gewalt von der Kolonieauf-

---

[61] Ebd:150-15.

[62] Epp 1997:151.

[63] Braun 1915: 53-54.

sicht. Die Machtaufteilung zwischen den Ältesten und Schulzen schien so nicht zu funktionieren, ganz zum Nachteil einer Weiterentwicklung des Koloniеprojekts. Wie in aller Welt sollten auch Gemeindeälteste komplexe wirtschaftliche und soziokulturelle Zusammenhänge verstehen und zugleich ihre Gemeinde theologisch gut leiten ohne je dafür ausgebildet worden zu sein? Und wo hätte man sie dafür ausbilden sollen? Das Leitungsdenken der Mennoniten sah keine besondere theologische Ausbildung der Ältesten und Prediger vor. Eine theologische Ausbildung an existierenden Fakultäten der Evangelischen Kirchen wurde als liberal abgelehnt. Und eigene Schulen besaß man nicht. In der Regel war der gewählte Älteste theologisch genau so weit wie die Mitglieder, die er leitete. Sogar die russische Administration bemerkte diesen Umstand und bat die Basler Mission, Missionare ins Land zu schicken, die in den Kolonien bessere Gemeindepflege leisten sollten. Was die Mission dann auch für die lutherischen Kolonien tat.[64]

Mit jedem Jahr der Fortsetzung des Systems einer doppelten Leitung der Kolonien wurde die Schwäche dieses Systems immer deutlicher. Nicht zuletzt deshalb initiierte die russische Regierung die Gründung des Landwirtschaftsvereins. Mit der Hilfe dieser Institution erhoffte man sich sowohl eine bessere Kontrolle sozialer und wirtschaftlicher Prozesse in den mennonitischen Dörfern als auch eine schnellere Durchführung von Reformen. Brons, der das Leben in den Mennonitenkolonien nach 1840 beschreibt, konstatiert:

> „Innerhalb der Kolonien gab es zwei von Mennoniten verwaltete Aemter, erstens das Gebietsamt, bestehend aus einem mennonitischen Oberschulzen und zwei bis drei Beisitzern, welches die Kommunal- und Polizeiverwaltung im Allgemeinen zu besorgen hatte, zweitens ein landwirtschaftliches Amt mit einem Vorsitzenden und einigen Beisitzern, welches die Ackerwirtschaft, die Bauten, die Baumpflanzungen u.s.w. zu beaufsichtigen und zu besorgen hatte. Die Wirksamkeit beider Aemter fiel in mancher Beziehung zusammen und ergänzte sich gegenseitig."[65]

Der Erfolg dieser mennonitischen Selbstverwaltung, die letztlich die rasche Entwicklung der Mennoniten in Russland beflügelte ist letztlich einem Mann zu verdanken: Johann Cornies!

3. Die erste öffentliche Tätigkeit

Johann Cornies war gerade 28 Jahre alt geworden als ihn der Ruf der mennonitischen Kolonien erreichte, ihr Bevollmächtigter in Sachen der Ansiedlung weiterer umsiedlungswilliger Mennoniten aus Preußen zu werden. Wie kein

[64] Pagel 1990:60ff.

[65] Brons 285.

anderer hatte er die weiten Steppen Südrusslands während seiner ausgedehnten Reisen kennen gelernt. Wie kein anderer hatte er sich mit der Beschaffenheit des Bodens, der Vegetation und dem Tierreich der Steppe beschäftigt. Und wie kein anderer hatte er bereits in so jungem Alter wirtschaftliche Erfolge erzielt. Diesem ehrlichen und zielstrebigen, wissbegierigen und hilfsbereiten jungen Mann konnte man mehr anvertrauen. Cornies nahm den Ruf der Mennonitengemeinde an und suchte passendes Kronland für die Neusiedler aus und führte die Verhandlungen mit der russischen Behörde.

Hier gab es viele Hürden zu überwinden. Die mennonitischen Siedler hatten ihre Verwandten in den bereits bestehenden Kolonien. Sie informierten sich über gutes und schlechtes Land und wussten somit um vieles mehr als ihre Brüder, die sich als erste in Taurien ansiedelten. Und so stellten sie Ansprüche. Natürlich wollte jeder das Beste. Und nicht jeder war an der Landwirtschaft interessiert. Aber auch die russischen Behörden hatten ihre Vorstellungen. Sie suchten ihre Landwirtschaft als Ganzes zu verbessern. Da fielen alle Siedler, die weniger nach einem landwirtschaftlichen Hof Ausschau hielten, durch ihre Maschen. Den Mennoniten ging es jedoch auch um ihre Gemeinde und das neue Gemeinwesen. Und darin hatten nicht nur gute Landwirte einen Platz. Schließlich zählte ja auch die Größe der Gemeinde. Die theologischen Querelen ließen sich in der mennonitischen Basisdemokratie manchmal auch mittels der Masse lösen. Deshalb zog jede Gruppe die Gleichgesinnten zu sich. Der mennonitische Beauftragte hatte also alle Hände voll zu tun, um Wünsche und Wirklichkeit zusammenzubringen.

Und dann waren da noch die Nogaier, die einheimische nomadische Bevölkerung. Sie zogen mit ihren Viehherden umher. Mit jeder neuen Siedlung nahm man ihnen freies Weideland und grenzte sie immer stärker ein. Sie wurden aggressiv und zunehmend feindlicher gesonnen. Auch mit ihnen musste man Verhandlungen führen, um sie möglichst friedlich – und dies möglichst auf Dauer – zu stellen. Cornies hatte sie alle im Blick und fand Wege zur Lösung von vorhandenen oder noch schlummernden Konflikten.

Diese erste öffentliche Tätigkeit wurde zum großen Erfolg. Nicht nur waren alle Beteiligten voll des Lobes über die Leistungen des jungen Mannes; sie erkannten auch seine enorme sachliche und politische Kompetenz. Cornies schien die Steppe wirklich gut zu kennen. Das Land, das er aussuchte und den Siedlern vorschlug, war gut. Und die Aufteilung der Landesparzellen war sinnvoll und mit viel Sachverstand vorgenommen. Und auch die Behörde war voll des Lobes. Bei ihnen gingen keine Beschwerden ein. Und sogar da, wo man wie immer am meisten Widerstand vermutete, bei den Nogaiern, schien alles zur besten Zufriedenheit geklärt zu sein. Hier war offensichtlich ein umsichtiger und politisch versierter Vermittler am Werk.

Die Reaktionen ließen nicht auf sich warten. Schon bald hagelte es Anfragen. Die Regierung bat Cornies, auch die Ansiedlung nicht-mennonitischer Siedler aus Württemberg im Mariupoler Gebiet am Asowschen Meer durchzuführen. Und wieder leistete er Großartiges. Und wieder lobte man seinen Einsatz. Cornies war bald ein gefragter Mann. Immer mehr Siedler sahen sich seine Wirtschaft an, bewunderten seinen Erfolg und stellten sich ähnlich wie er auf Viehzucht ein. Sein Rat war gefragt. Auch seine Erfolge in der Schafzucht zogen die Aufmerksamkeit anderer Landwirte an.

Und auch im Fürsorgekomitee wurde sein Rat gerne gehört. Im Jahr 1824 beauftragte die Behörde ihn damit, die Schafzucht in den Kolonien weiter zu entwickeln. Diese wurde im Allgemeinen als gemeinsames Unternehmen aller Siedler geführt, so zum Beispiel in der Chortiza Kolonie. Nur Cornies betrieb anfangs eine eigene Schafzucht. Und diese konnte sich sehen lassen. Jetzt sollte er seinen Erfolg der Allgemeinheit zur Verfügung stellen. Und der quirlige Mann tat es. Cornies kaufte weitere Merinoschafe in St. Petersburg und reiste bis nach Sachsen um Zuchtmerinos zu kaufen. Der Erfolg stellte sich umgehend ein. Bis zum Jahr 1845 wuchsen die Schafherden der mennonitischen Kolonisten auf 106.000 Tiere, was jährliche Einnahmen von 100.000 Rubel garantierte.[66]

Gleich zu Beginn seiner öffentlichen Tätigkeit setze Cornies auf gute Ratgeber. Er befreundete sich mit dem Landesvater der Kolonisten, dem Leiter des Fürsorgekomitees, Contenius, fragte diesen regelmäßig um Rat und entwickelte bald einen regen Schriftverkehr mit ihm. Cornies nannte ihn später seinen Lehrer, bei dem er am meisten gelernt habe, den Lebensraum der Kolonien sinnvoll zu gestalten. Auch die späteren Vorsitzenden des Fürsorgekomitees gewann er durch seine Ehrlichkeit, bestechende Wissbegierde und Verlangen, das einmal angefangene Werk richtig zu Ende zu führen.

Durch diese und andere politischen Kontakte vernetzte sich Cornies bis in die höheren Regierungskreise in der Hauptstadt St. Petersburg. Die Kontakte erleichterten seine Tätigkeit enorm. Denn nichts funktioniert in Russland so gut wie Beziehung und nichts ist für den Erfolg eines Unternehmens so abträglich wie der Mangel an solchen Beziehungen. Cornies hatte diese Regel fast intuitiv beachtet. Wie sonst hätte er sich sonst im überaus komplexen politischen Raum so erfolgreich bewegen können.

4. Vorsitzender des landwirtschaftlichen Vereins

Im Jahr 1830 ernannte der Minister für die Reichsdomänen Johann Cornies auf Lebenszeit zum Vorsitzenden des „Vereins zur Erhöhung der Landwirt-

[66] Gerlach 2007:106.

schaft und Gewerbetreibung". Das war eine für die Entwicklung der Kolonien alles entscheidende Position und erlaubte dem quirligen Mann das Höchstmaß an Entscheidungsgewalt. Jetzt konnte er seine Vorstellungen vom selbstverwalteten kolonialen Dasein nicht nur denken, sondern umsetzen. Und gedacht hat der Mann viel. Weder er noch die allermeisten Kolonisten kamen aus geschlossenen Ansiedlungen von Gleichgesinnten. Koloniales Leben war ihnen allen fremd. Selbstverwaltung musste erst erlernt werden. Gemeinsame Lebensräume und die dem Glauben gemäße Lebensart mussten erst gefunden werden. Die Entscheidung der russischen Regierung, ihre Neubürger in einer kolonialen Selbstverwaltung anzusiedeln, kam aus den pragmatischen Überlegungen, auf diese Weise ein Maximum an ökonomischer und sozialer Entwicklung zu ermöglichen. Gleichgesinnte Menschen würden sich minimal aneinander reiben. Doch der Wunsch der Regierung, so versprechend dieser auch sein mochte, verlangte nach einem Modell des Zusammenlebens, das so noch nicht existierte. Bestenfalls boten die russischen Sekten der Molokanen und Duchoborzen ein Beispiel. Dieses zeichnete sich auch durch einen bestimmten wirtschaftlichen Erfolg aus. Vielleicht hatte die russische Regierung diese russischen Sekten als Vorbild vor den Augen als sie den deutschen Siedlern eine ähnliche Struktur anbot. Schließlich wurden ja diese Siedler ganz bewusst auch unter den in Deutschland verfolgten evangelischen Freikirchen oder mit Argwohn bedachten Independisten und Pietisten angeworben. Die deutschen Siedler kamen aber nicht aus geschlossenen Siedlungen, auch wenn hier und da viele Familien aus einem Dorf im wirtschaftlich gebeutelten Deutschland kamen. Sie kannten weder eine geschlossene Siedlungs- und Lebensweise noch hatten sie sich je selbst verwaltet. All das musste in der russischen Fremde erst verstanden, gelernt, ja entwickelt werden. In Deutschland lebten und glaubten sie nebeneinander, jetzt sollten sie das gemeinsam tun. Freilich, sie kannten die Glaubensgemeinde. Aber diese hatte bis dato wenig mit den Angelegenheiten des Alltags zu tun und griff nur bei moralischen Verfehlungen ein. Den Lebensraum organisierte die Kirche nicht. Das oblag in der Heimat dem Staat. Hier in Russland bot aber ausgerechnet der Staat den Gläubigen an, auch diesen Lebensraum selbst und sogar glaubensgetreu zu organisieren. Wie sollte das gehen?

Wie kein anderer erkannte Johann Cornies die Chancen und Möglichkeiten des gemeinsamen kolonialen Lebens und Wirtschaftens. Die Kolonie schien ihm ein Ideal zu bieten, in dem Glauben und Leben auf eine wunderbare Art und Weise zusammenzubringen waren, und das nicht nur für die Siedler selbst. Auch missionarisch gesehen bot die Kolonie Chancen über gutes Wirtschaften, Vorbild und Glaubensmut den Menschen in der Umgebung die eigenen Glaubens- und Lebensüberzeugungen näherzubringen. Schon früh sandte die Regierung auf sein Gut russische Lehrlinge. Sie sollten bei ihm lernen wie man ökonomisch und sozial effektiver leben und arbeiten könnte.

Freilich, man erwartete von ihm und den Mennoniten, dass sie ihre russischen Lehrlinge nicht missionierten. Aber würde ein gottgefälliges Leben nicht auch von selbst für sich sprechen? Man musste ja nicht gleich aus einem Orthodoxen einen Mennoniten machen wollen. Und schließlich waren ja auch sie Christen, kannten Gott und die Bibel und suchten auch ein gottgefälliges Leben zu leben. Freilich gelang es den wenigsten von ihnen, und warum sollte da das Beispiel der Täufer sie nicht anspornen mehr zu suchen? Wenn sie dabei orthodox blieben, wäre das ein wirkliches Problem? Für Cornies, so scheint es, nicht.

Die Kolonie als missionarischer Lebensraum? Cornies scheint fest daran geglaubt zu haben. Aber wie sollte eine solche Vision in Erfüllung gehen? Die deutschen Siedler waren jedenfalls nicht nach Russland gekommen, um eine missionarische Vision zu verwirklichen. Sicher, die meisten von ihnen kamen auch aus Glaubensgründen nach Russland. So sahen sich die Mennoniten immer wieder gezwungen, die Frage nach dem Militärdienst in Preußen zu bewegen. Der russische Staat versprach eine „ewige Befreiung vom Militärdienst“. Die württembergischen Independisten sahen sich in Deutschland dem Druck der Landeskirche ausgesetzt und erhofften sich in Russland eine freie Glaubensausübung. Man war also nach Russland auch gekommen, um frei und ungestört den eigenen Glauben leben zu können. Doch hatte das nur wenig mit einer missionarischen Grundhaltung zu tun. Viele von ihnen erwarteten gar in Russland dem Herrn entgegenzugehen, der laut Johann Albrecht Bengel (1687-1752) am 18. Juni 1836 wiederkommen würde und das, wie Johann Heinrich Jung-Stilling (1740-1818) meinte, auf dem Berge Ararat im Kaukasus. Diese Einsichten wurden vor allem durch Juliane von Krüdener (1764-1824) in Süddeutschland stark propagiert und führten zu einer regelrechten Einwanderungswelle der verarmten deutschen Pietisten nach Südrussland. Nicht Mission – das Ende der Welt erwartete man.

Cornies dagegen dachte weiter. Er scheint die missionarischen Chancen der Kolonie begriffen zu haben. Man musste diese nur in die Herzen der Siedler bringen. Und der landwirtschaftliche Verein schien ihm hierfür die besten Chancen zu bieten.

Die Idee und der Plan eines landwirtschaftlichen Vereins, der die Planung und Durchsetzung des Fortschritts in den Kolonien der deutschen Siedler gewährleisten würde, kam dem Oberrichter im Kontor der Siedlerbetreuung im Fürsorgekomitee in Jekaterinoslaw, S. H. Contenius (1748-1830).[67] Gleich nach seiner Einsetzung ins Amt im Jahr 1808 versuchte er, die mennonitischen Siedler dazu zu überreden ihr Land durch angepflanzte Hecken zu schützen

[67] Zum Leben und Werk siehe: Pissarewski 1917.

und Maulbeerbäume anzupflanzen, die eine spätere Seidenproduktion ermöglichen würden. Aber seine Ideen kamen nicht an. Und wenn die Siedler auch Hecken pflanzten, so gingen diese bald wieder ein, weil sich kaum jemand darum kümmerte. Schnell wurde Contenius klar, dass man diese Siedler nur gewinnen konnte, wenn man sie selbst an solchen Ideen und Entwicklungen beteiligte. Es gab ja auch unter ihnen genug Leute, die fortschrittlich nach vorne dachten. Johann Cornies war dafür das beste Beispiel. Als der Oberrichter 1818 in den verdienten Ruhestand gehen wollte, überredete ihn Zar Alexander I. doch noch länger im Amt zu bleiben und Contenius stellte seine Idee dem Zaren vor. Doch die Krone beachtete zunächst seinen Vorschlag nicht. Im Jahr 1825 besuchte der Zar die Molotschnaer Kolonie und auch das Gut Juschanlee von Cornies. Contenius sprach den Zar wieder auf seine Idee an, einen eigenen von den Siedlern verwalteten Verein zu gründen, um den Fortschritt in den Kolonien zu beschleunigen. Der Zar hörte wieder zu. Vielleicht haben ihn aber die großzügigen Versprechungen der mennonitischen Siedler, je Bauer eine halbe Desjatine Wald zu pflanzen so beeindruckt, dass das Anliegen des Contenius nicht weitergeleitet wurde. Und dann verstarb der Zar noch im gleichen Jahr in Taganrog. Da hatte die Krone alle Hände voll zu tun, den Wechsel zu Nikolai I. vorzubereiten.

Erst nach dem Tod des Herrn Contenius 1830 kam Bewegung in die Sache. Die Siedler hatten ihr großartiges Versprechen, das sie dem Zaren gegeben hatten, nicht eingehalten. Und so entschloss sich das Fürsorgekomitee im Ministerium für Reichsdomänen, die Idee des klugen Oberrichters aufzunehmen. Schon am 12. November 1830, wurde der „Verein zur fördersamen Verbreitung des Gehölz-, Garten-, Seiden- und Weinbaues“ in Ohrloff gegründet und Johann Cornies zu seinem Vorsitzenden auf Lebenszeit vom General-Fürsorger von Insov berufen. 1836 erweiterte man das Arbeitsfeld auf „Förderung der Landwirtschaft und Gewerbe“.[68] Der Verein erhielt weitreichende Kompetenzen und weitgehend freie Hand, den Fortschritt in den Kolonien zu organisieren. Er war direkt dem Fürsorgekomitee unterstellt. Das Gebietsamt hatte zwar in der Gestalt des Vorstehers einen Sitz und eine Stimme als erster Kollege des Vorsitzenden (einer Art Stellvertreter) im Vorstand, hatte aber sonst keine Befugnis über die Entscheidungen des Vereins. Damit war den Siedlern und hier vor allem den Gemeindeleitern ihr stärkstes Machtinstrument aus der Hand genommen worden. Gegen den übermächtigen Verein half nur noch eine Klage auf höchster Ebene. Machtmanipulationen, wie sie in den Jahren zuvor an der Tagesordnung waren, entfielen gänzlich. Wen wundert es, dass der landwirtschaftliche Verein und damit vor allem sein Vorsitzender Johann Cornies von Anfang an in eine Feindrolle ge-

---

[68] Epp 1946:38; Stach 66-67; Epp 1998:68-69; u.a.

drängt wurden. Galt doch gerade Cornies als der unermüdliche Förderer des Fortschritts als unnachgiebig, kompromisslos und vor allem anderen erfolgreich. Was dieser anpackte, das wurde auch erfolgreich zu Ende gebracht, was immer es kosten mochte. Der russische Historiker und ausgesprochene Kenner des südrussischen Mennonitentums Bondar urteilt über diesen Mann:

> „Die Seele des „Landwirtschaftlichen Vereins“ und sein lebenslänglicher Vorsitzender war der durch seine öffentliche Wirksamkeit bekannte Molotschnaer Mennonit Johann Cornies, ein Mann außergewöhnlicher Geisteskraft, festen Willens und sprühender Energie … Er führte seine Pläne zur Verbesserung der Landwirtschaft der Mennoniten mit Zähigkeit und sogar mit Härte durch … die Mennoniten haben aus seiner Wirksamkeit großen Nutzen gezogen und die Regierung schätzte seinen Beitrag.“[69]

Der Landwirtschaftsverein erhielt Macht und stellte von Anfang an eine gewisse Konkurrenz zu den traditionellen basis-demokratischen Leitungs-, und Entscheidungsstrukturen der Mennoniten dar. Nicht mehr die Versammlung aller Bauern vor Ort, sondern ein übergeordneter Verein entschied, wie ab jetzt die Dinge zu laufen hatten. Nicht die Ältesten und Prediger entschieden, was für die Menschen in der Kolonie wirtschaftlich gut war, sondern eine aus eigenen Gemeindegliedern zusammengestellte Behörde. Es war also nicht nur die Persönlichkeit Johann Cornies', die den Traditionalisten in den Dörfern aufstieß, sondern ein grundsätzlicher Systemwechsel im Leitungsdenken der Mennoniten.[70] Freilich kam die ausgesprochen autoritäre Führung Cornies' hinzu.

Wahrscheinlich hätte auch niemand sonst und anderes dem Druck der Kirchengemeinde standgehalten. Jedenfalls waren Konflikte mit den Siedlern durch die Gründung des Landwirtschaftsvereins vorprogrammiert. Vor allem die große Molotschnaer Kirchengemeinde währte sich gegen die Neuerungen. Cornies selbst hatte sich bei der Spaltung der Gemeinde entschieden, sich der kleineren Ohrloff-Halbstädter Gemeinde anzuschließen. Jetzt, wo er im Namen aller Mennoniten zu entscheiden hatte, brachen die alten Konflikte mit neuer Macht auf. Während die kleine Gemeinde trotz ihrer eher konservativen Theologie den Verein in seinen wirtschaftlichen Neuerungen unterstützte, sagte die große Lichtenauer Gemeinde Cornies und seinem Verein den Widerstand an.

Aber Cornies wäre nicht er selbst gewesen, wenn er nicht trotz des Widerstands die Arbeit aufgenommen hätte. Schon bald nach der Gründung des Vereins wurden alle Dörfer angehalten, Baumschulen nach dem Muster sei-

[69] Bondar 39-40, zit. nach Epp 1998:65.

[70] Toews 1982:9-10.

ner eigenen Schule in Juschanlee zu gründen und Setzlinge für eine großangelegte Aufforstung der Steppe heranzuzüchten. Schließlich war es dieses nicht eingehaltene Versprechen der Siedler an den Zaren Alexander I., das zur Gründung des landwirtschaftlichen Vereins führte. Cornies wollte den Vorwurf der Behörde auf den Mennoniten nicht länger sitzen lassen. Und schon ein Jahr nach der Gründung des landwirtschaftlichen Vereins wurden die ersten Baumplantagen und erweiterten Obstgärten in den Dörfern angelegt.

Freilich entwickelte sich die Arbeit in den Dörfern sehr unterschiedlich. Während in den zwölf Dörfern der Ohrloff-Halbstädter Gemeinde große Erfolge erzielt wurden, werden im Bericht des landwirtschartlichen Vereins aus dem Jahr 1836 nur acht Dörfer in der Lichtenauer Gemeinde erwähnt, in denen substanzielle Aufforstung vorgenommen wurde. Dabei fällt auch der große Unterschied in der Zahl angebauter Bäume auf. Während in Altona 11.140 Bäume gepflanzt wurden, erreichten die Lichtenauer nur 1.460.[71] Hier wurde offensichtlich geblockt. Ein Beispiel für die Verweigerungshaltung in der Lichtenauer Gemeinde zeigt das in den Jahren verfasste Gedicht. Da heißt es:

„Nein, 's ist wirklich zum Erbarmen,
wie man jetzt die Leute quält! …
Bäume pflanzen, Zäune setzen,
Graben, rotten fort und fort …
Nein ich fasse es kaum und nimmer,
Was die Obrigkeit erzielt,
Daß sie ihren Bauern immer
Solche Lasten anbefiehlt.
Wenns' noch Vorteil brächt,
Wär's mir noch so recht,
Aber ohne Nutzen quälen,
Ist zu hart für armen Seelen.“[72]

Die Baumanpflanzungen brachten keine unmittelbaren Ergebnisse oder Vorteile für die Landwirte. Für die einfachen Geister war der Nutzen nicht ersichtlich. Die Aufforstung erschien ihnen als Schikane eines machtdurstigen Bauern, dem sein eigener Erfolg in den Kopf gestiegen sei und der sich nur vor der Krone beweisen wolle. Dabei war nicht er der Leidtragende, sondern sie waren die Leidtragenden. Sie bezahlten die Baumschulen, sie hatten die Arbeit. Und wozu das Ganze? Es gelang offensichtlich auch Cornies nicht gleich, den Heckenanbau zu beschleunigen.

---

71 Siehe zum Bericht Epp 1998.

72 Epp 1946:44f.

In einigen Dörfern erreichte der Widerstand absurde Züge. So berichtet Friesen über einen Dorfschulzen, der in seinem Dorf die Bäume mit den Wurzeln nach oben einpflanzen ließ und sich dann beim landwirtschaftlichen Verein beklagte, im Dorf würden die Bäume nicht wachsen. Der Vereinsvorstand schickte eine Kommission ins Dorf, die von Cornies angeführt wurde. Die Siedler hatten ihren Spaß. Cornies aber sah, was gemacht wurde, reiste ohne einen einzigen Kommentar ab und dann folgte die Strafe auf dem Fuß. Der Mann wurde auf Geheiß vom Gebietsamt, wegen der Verschmähung der von der Regierung eingesetzten Behörde, mit dem Bann aus der Kirchengemeinde und harter körperlicher Strafe verurteilt.[73] Alle Beschwerde bei den russischen Behörden half nichts. Das Gebietsamt und auch die Kirchengemeinde mussten folgen.

Cornies duldete keinen Widerstand; und auch wenn es manchmal länger dauerte, einen Ausweg aus der auferlegten Verpflichtung gab es nicht. Bondar berichtet, dass Siedlern, die den Anweisungen des Vereins nicht folgten, gemeinnützige Aufgaben als Strafe auferlegt wurden und wenn diese nichts halfen, ihre Wirtschaft einem Verwalter unterstellt werden konnte und sie selbst als Knecht im eigenen Wesen zu arbeiten hatten.[74] Brons schreibt:

> „Die äussere Zucht und Ordnung in den Gemeinden wurde in der Weise gehandhabt, dass z.B. derjenige, dessen Haus ein zerrissenes Dach hatte, oder dessen Gartenzaum unordentlich gehalten war, oder der unpassende Gegenstände vor sein Haus stellte, Strafe bezahlen musste, ebenso der Schulze, wenn er die Beaufsichtigung der mutwilligen Dorfjugend vernachlässigte, die Listen für das Schulzenamt nicht ordnungsmässig angefertigt, oder ein Rundschreiben nicht zur rechten Zeit befördert hatte, oder die Gehölzanlage nicht gehörig beaufsichtigte.
>
> Die innere Gemeindezucht wurde nicht weniger ernst gehandhabt. Wer z.B. ein ausschweifendes Leben oder eine schlechte Haushaltung führte oder sich durch Ungehorsam gegen die bestehende Ordnung verging, wurde von der Gemeinde ausgeschlossen, seiner Rechte entäussert, seiner Ehre verlustig erklärt und unter Kuratel gesetzt. Während dessen musste er sein Brot durch Arbeit verdienen, doch wenn er Busse getan und sich gebessert hatte, wurde er wieder aufgenommen, konnte sein Vermögen wieder in Besitz nehmen, und wurde in alle seine Rechte aufs neue eingesetzt."[75]

Die Rückschläge unter den Kolonisten rissen jedoch nie ab. In seinem Bericht von 1846 berichtet Cornies zwei Jahre vor seinem Tod über massive wetterbedingte Ernteausfälle in den Mennonitenkolonien im Mariupoler

---

73 Friesen 1911:160; Epp 1946:44ff; Epp 1998:75.

74 Bondar 1916:39.

75 Brons 286-287.

Mennonitenbezirk, wegen der nicht ausgeführten Vorschriften des Vereins zur Aufforstung der Felder. Er beklagt dabei die Qualität der Ausbildung in den Baumschulen und gelobt Besserung.[76]

Doch während der Widerstand unter seinen Landsleuten nicht verstummte, lobten andere die Verdienste von Cornies. Auch unter den Mennoniten. So heißt es in den Mitteilungen des Predigers J. Risser in Sembach, Deutschland in den Mennonitischen Blättern vom März 1855:

> „In den Mennonitenkolonien an der Molotschna ist unter der zweckmässigen, kräftigen und einsichtsvollen Leitung des Vorstehers C. Cornies eine festgeregelte, nur den Faulen und Unordentlichen lästige Ordnung eingeführt, nach welcher ein Jeder anbauen, bauen, pflanzen und wirtschaften muss, und hat die Handhabung derselben die segensreichsten Erfolge für das äussere Gedeihen der Kolonie gehabt."[77] Und der Minister für Staatsdomänen Graf Kissiljow schreibt in einem Brief: „Verehrter Herr Cornies. Bei der Durchfahrt durch die Mennoniten Kolonien haben wir mit seelischer Genugtuung die gute Ordnung beobachten können und besonders auch die Erfolge ihres eigenen Betriebes. Ich habe darüber der Majestät, dem Imperator Bericht erstattet und dieser antwortete, das der Name Cornies sei ihm durchaus bekannt als eines würdigen und nützlichen Mannes."[78]

Graf Kissiljow unterstreicht die Tatsache, dass die Mennoniten genau das erreicht haben, was die Regierung sich von ihnen versprochen habe und er wünscht Cornies des weiteren die Vermehrung der Anzahl der Mennoniten in Russland und verspricht ihm sich für deren Belange, die Cornies ihm vorgetragen habe, einzusetzen.[79] Die Anerkennung der Verdienste von Johann Cornies gingen so weit, dass die Krone gar Erwägungen anstellte ihn zum Gouverneur in Südrussland zu machen.[80]

5. In schönen Dörfern lebt es sich auch schöner

Die Arbeit des landwirtschaftlichen Vereins war für jeden Besucher der mennonitischen Kolonien bald sichtbar. Ihre Lobeshymnen wollen nicht enden. Erfrischend und oft auch unerwartet anders sahen diese Dörfer aus. Da reiste

---

[76] Bericht in: Stach 1942:53f, digital: http://chort.square7.ch/Buch/Grunau.pdf (1.3.2014).

[77] In Brons 286.

[78] Braun 52-53.

[79] Ebd.

[80] Braun 1915:52f; Bondar 1916:40.

man manchmal Hunderte von Kilometern tagelang durch die Tristesse der russischen Weiten. Und dann plötzlich das da. Manch einer fragte sich, ob er überhaupt noch in Russland sei. Stolz konstatiert Harthausen im Jahr 1848: „Die Anlage der Dörfer und aller ihrer einzelnen Gehöfte, die Gärten, ihre Eintheilung, die Pflanzen, die Gemüse, vor allen Dingen die Kartoffeln, alles ist deutsch!“[81] Und Brons fügt hinzu:

> „Ihre Häuser, Stallungen, Scheunen, Gärten und Ländereien zeugen von Ordnungsliebe und Fleiss. Sie waren alle aus Süd-, und Westpreussen hierher gezogen. Mit eignen Wagen waren sie hierher gekommen und hatten zum Teil hübsche Möbeln, als Kisten, Schränke, Bettstellen u.s.w. von Nussbaumholz mitgebracht, so dass es recht nett in ihren Wohnungen aussah.“[82]

Die Bewunderung will nicht abreißen. Schön waren die Dörfer an der Molotschna.

So ganz und gar nicht typisch für die Gegend. Und Cornies, wie auch sein landwirtschaftlicher Verein, hatte einen wesentlichen Anteil an dieser Schönheit. Auf seinen vielen Reisen lernte Cornies schöne Städte und Dörfer kennen, schätzen und lieben. Und auch er wollte schön leben und mit ihm sollten es auch seine Glaubensgenossen. Denn Schönheit zeichnete für ihn Gottes Schöpfung aus und wer Gott ernst nahm, der konnte wohl nicht anders als Schönheit zu schaffen. So war es seiner Initiative zu verdanken, dass es bald in den mennonitischen Dörfern an der Molotschnaja, zu einer nie gekannten Förderung der Blumenzucht kam. Bald schmückten prachtvolle Blumenhaine die Bauernhöfe und die Rabatten der Dorfstraßen. Reisende an die Molotschnaja berichteten voller Bewunderung, wie gepflegt und schön die Dörfer der deutschen Siedler aussahen. Cornies lehrte die Siedler, haltbare Farben für ihre Häuser zu verwenden.

Und er griff hart durch, wenn Siedler seine Anweisungen nicht befolgten. Die Kolonie von Menschen, die Gott persönlich kannten, die musste allein schon durch ihr Äußeres überzeugen und Lust machen, Ähnliches zu wagen. Und tatsächlich: diese Neuerungen sprachen sich schnell herum und wurden auch in anderen deutschen Kolonien in Südrussland eingeführt. So gestaltete der Musterwirt nun seine Musterkolonie. Und seine Pläne gingen auf.

6. Revolution im Ackerbau

Die deutschen Einwanderer kamen alle aus Regionen, die sich wesentlich von der südrussischen Steppe unterschieden. Sie waren in ihrer Mehrheit Bauern

---

81 Harthausen 1847:172.

82 Brons 283.

und die russische Regierung setzte auf ihr Können. Zu niedrig waren die Erträge der eigenen Landwirtschaft. Die Deutschen sollten es jetzt richten und zugleich neue Standards setzen. Von ihnen erwartete man Musterwirtschaften. Doch niemand von ihnen wusste, wie man in der Steppe erfolgreich Ackerbau betrieb. Die häufige Trockenheit vernichtete nur zu leicht die monatelange Arbeit der Bauern. Frustration auf allen Seiten breitete sich aus. Johann Cornies, schlau wie er war, setzte gleich zu Beginn auf Viehzucht. Damit wurde er reich und berühmt. Jetzt aber an der Spitze des landwirtschaftlichen Vereins, konnte er den Ackerbau nicht länger vernachlässigen. Von seinem Gelingen hing, so der Historiker John Toews, ihr Überleben ab.[83] Seine Bauern brauchten Lösungen und wer, wenn nicht er, sollte ihnen helfen. Mit Gebet, Akribie und Disziplin ging er ans Werk. Auch dieses Land war Gottes Hände Werk, also gab es auch für dieses Land einen Schlüssel zur Fruchtbarkeit. Man musste es nur zu beherrschen lernen. Und lag nicht darin Gottes Auftrag an die Menschen? Sollten sie sich nicht von Anfang an das Land untertan machen und es beherrschen? (1.Mo. 1,27)

Cornies glaubte an seinen Erfolg. Man musste das Land nur verstehen lernen und es weniger ausnutzen, sondern sinnvoll bebauen. Wieder setzte er auf Experimente. Er besäte das Land mit unterschiedlichen Kulturen und ließ es auch mal ein Jahr ruhen. So entdeckte er den Wert von Schwarzbrachen und Vierfelderwirtschaft für diese Landstriche. Ließ man das Land Ruhen, nutzte man es strategisch klug, so konnte es sich erholen bis es wieder genutzt wurde und der Anbau unterschiedlicher Kulturen verlängerte seine Fruchtbarkeit. Und Cornies führte ein neues System des Wirtschaftens im Ackerbau ein, „… eine Vierfelderwirtschaft mit Brache, wobei als Regel das nachfolgende Schema angenommen wird: 1. Brache, 2. Gerste (häufig des besseren Preises wegen Weizen), 3. Weizen, 4. Roggen und Hafer.“[84] Matthäi schreibt:

> „Jedes Stoppelfeld wird gleich nach der Ernte umgebrochen und noch vor Winter so bearbeitet, dass im Frühjahr die Saat mit dem Exstirpator untergebracht werden kann. Der Roggen wird schon im August gesät. Die Brachbearbeitung erfolgt sehr sorgfältig mit Pflug, Haken und Egge, und ihr danken die Mennoniten vorzugsweise ihre besseren Ernten.“[85]

Der Schwiegersohn und Cornies Nachfolger als Vorsitzender des landwirtschaftlichen Vereins Philipp Wiebe schrieb 1853 über dieses Ackerbausystem:

[83] Toews 1982:4.

[84] Matthäi 1965:199.

[85] Ebd.

> „Die Mennoniten an der Molotschna teilten ihren Acker in 4 Felder und sehen darauf, denselben so viel als möglich in der Nähe zu haben, um bei Bearbeitung des Bodens und beim Einbringen des Getraides, so wenig als möglich Zeit zu verlieren. Bei einer zweckmässigen Ackerwirthschaft ist das frühe Einsäen und danach wieder das rasche Einernten eine Hauptsache. Die Eintheilung der Felder und die Reihenfolge der Saaten ist Folgende. Im ersten Jahr auf Brachfeld, soll der Regel nach Gerste stehen, im zweiten Jahr Weizen und im dritten Roggen und Hafer; doch wird, weil der Weizenbau hier seines vorteilhaften Absatzes und höheren Preises wegen, den meisten Vortheil gewährt, der grösste Theil der Brachfelder mit Weizen besäet. Bei der Einteilung der Aecker ist ferner auch darauf zu achten, dass die Desjatinen nicht zu schmal geschnitten werden, indem die Bearbeitung dadurch an Zeit und Arbeitskräften verliert. Die Mennoniten halten darauf, die Felder nicht unter 30 Faden breit zu machen.“[86]

In Wiebes Bericht heißt es weiter: „Das zur Brache bestimmte Feld, der vierte Theil des ganzen Ackerlandes, wird auf folgende Weise bearbeitet. Nachdem die Frühlingsaussaat bestellt worden, ist das erste und notwendigste, das in demselben Jahr zur Brache bestimmte Stück Ackerfeld mit dem Pfluge 3 bis 3½ Werschok tief zu pflügen. Die Meinung es sei besser die Kräuter erst vollständig aufgehn zu lassen, um so zerstörender darauf einwirken zu können, ist falsch, weil das Aufkeimen des Unkrautes dem Acker schaden muss und dieser Kraftaufwand schon unnütz verloren geht. Nach dem ersten Pflügen wird die Brache gleich abgeeggt, um selbige auf solche Weise für die fernere Bearbeitung milder zu erhalten. Im Maimonate, vor der Heuernte, fährt man mit dem Ackerhaken hinein, furcht schräge durch den Acker und lässt ihn liegen bis dies zu wiederholen notwendig wird, was gewöhnlich noch zweimal geschieht. Bleibt der Acker den Winter in Hakenfurchen liegen, so ist darauf zu achten, dass sie von Norden nach Süden gesogen werden; damit der Schnee mehrentheils aus Osten treibend, in den Furchen liegen bleibt und nicht ausstöbern kann, was dem Lande eine bedeutende Feuchtigkeit mehr mitthelt gegen andere Felder, wo dies nicht beachtet wird. So wie alte Vortheile aber auch wieder ihre Nachtheile haben, so geht es auch hier; bleibt die Brache nämlich in Hakenfurchen liegen und es kommt im Herbste, Winter oder Frühlinge starker Regen, der den Acker fest schlägt, so lasst sich derselbe im Frühlinge nicht gehörig glatt eggen, sondern bleibt rinnig, die Saat läuft in die Furchen zusammen und die Ernte wird zweireifig und gibt schmales Korn. Sicherer und praktischer ist es daher, die Brache zum Winter, wenn sie schon ungerührt liegen bleiben soll, nicht zu haken, sondern gut und recht tief zu pflügen. Im Frühlinge vor der Saat wird sodann

86 Wiebe 1853:429.

erst, vor geeggt, damit die Furchen zerspalten und die Samen sich gleichmäßig vertheilen, darauf das Getraide mit dem Extirpator oder Rahmen eingebracht und das Feld mittelst Eggen recht glatt gemacht, weil eine feinere und festere Erde bei weitem weniger ausdörrt. Die Bearbeitung des Brachfeldes mit dem Ackerhaken ist deshalb allgemein für nützlich anerkannt, weil die tiefe grosse Furche mehr Erde der Luft und Sonne aussetzt, wodurch auch die Unkrautsamen sich schneller entwickeln und sicherer vertilgt werden können. Wenn es sich ereignet, dass die Brache ganz nahe beim Dorfe liegen bleibt, so kann man sie durch Dünger noch mehr verbessern, oder wenn außer dem in vier regelmäßige Felder eingeteiltem Ackerlande, etwa kleine Stücke gleich neben dem Dorfe besonders liegen, so kann solches Land mit Mist und Asche dergestalt kraftvoll unterhalten werden, dass es alljährlich gute Früchte bringt, gleich wie die Brache ohne Dünger. An der Molotschna bei den Mennoniten rechnet man auf eine Desjatine *) etwa 50 Fuder gut verfaulten Mist oder halb so viel Asche; der Mist sowohl als die Asche, müssen aber ganz gleichmäßig verstreut werden, damit nicht auf einer Stelle zu viel und auf der andern zu wenig zu liegen kommt. Zu viel Dünger brennt bei dürrer Witterung das Getraide aus, weil es auf solchem Felde im Frühling zu geil aufwachst und später der Hitze nicht zu widerstehen vermag. Der Dünger auf Brachfeldern, wird im Frühlinge nach der Saatzeit, und auf Acker, die. alle Jahre besäet werden, zum Winter aufgefahren und sowohl dort als hier gleich verstreut und untergepflügt."[87]

Diese und ähnliche Neuerungen, wie Wiebe sie berichtet, bauten auf den Gedanken seines Schwiegervaters. Und seine Gedanken erneuerten den Ackerbau. Wer das weite Steppenland sinnvoll zu nutzen wusste, wurde von diesem für seinen Fleiß um ein Mehrfaches belohnt. Der landwirtschaftliche Verein verpflichtete nun alle Bauern nach dem neuen System zu arbeiten. Wieder gab es Widerstand. Wieder murrten Cornies' Kritiker. Aber geholfen hat ihnen das alles nicht. Sie mussten sich fügen. Und wehe nicht. Und es stellten sich bald auch die erwarteten Ergebnisse ein. Immer seltener beklagten die mennonitischen Bauern Ernteausfälle und deutlich stabiler wurde ihre ökonomische Basis.

Neben die sinnvolle Nutzung des Landes trat das Problem der Wasserversorgung. Im Sommer regnete es selten wenn überhaupt. Die Steppe verwandelte sich in den Sommermonaten in eine wüstenähnliche Landschaft. Am Tag war die Hitze unerträglich. Nur nachts traute sich sogar das Steppenwild an die Oberfläche. Wer diese Steppe beherrschen wollte, der musste für Wasser sorgen. Und Cornies nahm sich des Problems an. Er veranlasste den Aufbau

---

[87] Ebd: 432. Die Schreibweise entspricht dem Original und ist korrigiert in den Text übernommen worden.

von Dämmen, mit denen er die kleinen Steppenflüsse staute und somit Wasser über den Sommer vorhanden war. Jetzt konnten die Felder auch in Zeiten der Trockenheit bewässert und der Ernteausfall vermieden werden. Außerdem ließ er an entscheidenden Stellen in den Dörfern Teiche anlegen, in denen das Regen-, und/oder auch Brunnenwasser gesammelt wurde. So standen den Bauern gut ausgebaute und ganzjährig betriebene Tränken für das Vieh mit genügend Wasser zur Verfügung.

Seine Maßnahmen ließen die Landwirtschaft der Kolonien aufblühen. Wo noch wenige Jahre zuvor die Ernte von der Laune der Natur abzuhängen schien, konnte jetzt vernünftig kalkuliert werden. Erst recht nachdem Cornies sein Aufforstungsprogramm verwirklichte. Noch als junger Mann beobachtete er wie die starken Steppenwinde den fruchtbaren Boden davonwehten. Und was die Winde nicht mitnahmen konnte schon im nächsten Frühling bei der Schneeschmelze von den reißenden Flüssen mitgerissen werden. Sein eigenes Anwesen hatte er deshalb bald mit einem ansehnlichen Baumbestand versehen und die Steppenflüsse durch den Dammbau kanalisiert. Nachdem er die Verantwortung für den landwirtschaftlichen Verein übernommen hatte, setzte er ein weitreichendes Aufforstungsprogramm in Gang. Jeder Bauer war verpflichtet auf seinem Land Bäume anzupflanzen. Wer dieser Verpflichtung nicht nachkam wurde bestraft. Sein Aufforstungsprogramm war so erfolgreich, dass 1845 in dieser Steppenregion rund 500.000 Obst-, Laub-, und Nadelbäume wuchsen, dazu noch 300.000 Maulbeerbäume. Die einmal lebensbedrohende Steppe verwandelte sich von Jahr zu Jahr in einen bewundernswerten Kulturraum.

7. Der Anschluss an die weite Welt

Der ökonomische Erfolg der deutschen Kolonien blieb trotz enormer Anstrengungen des landwirtschaftlichen Vereins weit hinter seinen Möglichkeiten zurück solange der wirtschaftliche Anschluss an die Welt nicht gegeben war. Die Distanz zwischen der Kolonie und den potenziellen Märkten stellte ein entscheidendes Problem dar.[88] Cornies kannte das Problem nur zu gut, schließlich hatte er seine ersten Schritte in die Unabhängigkeit mit dem Handel zwischen der Kolonie und den Städten an der Krim gemacht. Funktionierende Wirtschaft braucht eine funktionierende Infrastruktur. Zu lange waren die Vertriebswege und zu lange die Zulieferwege für die molotschnaer Landwirtschaft. Cornies wurde nicht müde das Problem auf die Tagesordnung des Fürsorgekomitees zu bringen. Auch sein häufiger Gast, Gouverneur Neurusslands und Bessarabiens Fürst Michail Woronzow, der sich wie kein zweiter russischer Politiker für die Erschließung der Reichtümer Neurusslands ein-

[88] Toews 1982:5.

setzte,[89] hörte seine Klagen. Und er war es dann auch, auf dessen Befehl im Jahr 1827 am Ufer der Berdjanski Bucht am Asowschen Meer, ein Binnenhafen angelegt wurde. Woronzow war der Meinung, dass genau diese Stelle in der Nähe der deutschen Kolonien für die Errichtung eines Seehafens für den Weizenexport am besten geeignet war.

Um den Hafen entstand eine Siedlung, die erst den Namen *Berdy* bekam und dann 1835 die Stadtrechte erhielt und 1841 in *Berdjansk* umbenannt wurde. Der Hafen Berdjansk wurde nun für die Kolonien zum Fenster in die Welt. Das Problem der schnellen Vertriebswege war gelöst. Über den Seeweg gelangte auch die von den Bauern aus der ganzen Welt bestellte Technik in die Kolonien.

Freilich war damit das Problem der Zuliefererbetriebe für die Kolonie noch lange nicht zufriedenstellend gelöst. Unter der Leitung von Cornies gestaltete sich die mennonitische Landwirtschaft zunehmend von der alten Bauern- zur industriellen Agrarwirtschaft. Seine Anwesen hatten schon lange nichts mehr mit den typischen Bauernhöfen der westpreußischen Heimat zu tun. Aber je deutlicher sich die Landwirtschaft entwickelte, desto dringender erschien der Bedarf an qualifizierten Handwerkern.

Und wieder hatte Cornies eine Idee. Er schlug die Gründung einer Handwerkerkolonie am Rande von Halbstadt vor. Nicht mehr Bauern mit ihren Wirtschaften würden ein solches Dorf bewohnen, sondern Handwerker, die jeweils ihrem eigenen Handwerk nachgingen und so aus den Agrarerzeugnissen Fertigprodukte für den Markt lieferten. Die erste Industriezone der mennonitischen Welt war geboren.

Wie viele seiner Gedanken, so stieß auch dieser auf wenig positive Resonanz. Die Mennoniten sind vor allem Bauern, die Stillen im Lande, schimpften die Ältesten der Gemeinden. Sie sollten nach Gotteswillen auf dem Land im Schweiße ihres Angesichts ihren Lebensunterhalt verdienen. Sie waren Bauern und das sollten sie nach den Leitern der Gemeinden auch bleiben. Handwerk hatte dagegen bereits in Preußen zu allerlei Streit und der Notwendigkeit geführt, den Staat bei Streitfragen heranzuziehen. Die Konservativen lehnten die Handwerkerkolonie ab. Die Fortschrittlichen dagegen und vor allem das Fürsorgekomitee begrüßte Cornies' Vorschlag. Fürst Woronzow setzte sich persönlich für die Industrialisierung Neurusslands ein. Unter seiner Führung wurden die Städte auf der Krim zu blühenden Zentren der Wirtschaft und Kultur. Da passte dieser erste zaghafte Schritt der deutschen Kolonien in die Industrialisierung ganz und gar in seine Zukunftsvorstellung von

89 Siehe seine Biographie: Rhinelander 1990.

Taurien. Im Jahr 1839 erhielt der landwirtschaftliche Verein die Genehmigung zur Gründung einer solchen Kolonie, der ersten ihres Gleichen.[90]

Jetzt konnte der notwendige Bedarf an handwerklichen Erzeugnissen für die Kolonie in der Kolonie selbst erzeugt werden. Und das gab der Entwicklung einen weiteren Schwung nach vorne. Baron von Haxthausen, der im Jahr 1848 die molotschnacr Kolonie bereiste berichtet, dass zu diesem Zeitpunkt in der Kolonie folgende Gewerbetreibenden und Handwerker zu finden waren: 12 Uhrmacher, 35 Tischler, 3 Böttcher, 25 Schneider, 68 Schmiede, 9 Maurer, 3 Schlosser, 2 Buchbinder, 74 Müller und 31 Ölschlager.[91] Die Handwerker Kolonie wurde somit Realität.

Die ökonomischen Neuerungen, wie Cornies sie in der Kolonie einführte, wirkten sich überaus positiv auf die allgemeine wirtschaftliche Situation in der Kolonie aus. Die mennonitischen Bauern kamen mit dem Land auf dem sie nun lebten besser zurecht und galten bald als die „Musterbauern" Russlands.[92]

8. Nicht alle Projekte gelingen

Die rasche Entwicklung der Kolonie unter der Leitung Cornies' kannte natürlich nicht nur Erfolge. Auch Cornies kannte Niederlagen. Fasziniert von den Möglichkeiten der Seidenproduktion, baute er zum Beispiel konsequent eine Seidenraupenzucht auf. Zeitweise arbeiteten in der Seidenraupenzucht 270 Familien. Kolonistenmädchen lernten in einer speziell dafür eingerichteten Schule das Seidenhaspeln. 300.000 Maulbeerbäume wurden in der Region angepflanzt. Die Seidenproduktion sollte zu einem der erfolgreichsten Projekte des landwirtschaftlichen Vereins werden. Aber die in Südrussland hergestellte Seide war zu teuer und konnte sich auf dem Weltmarkt nicht gegen die Konkurrenz behaupten. Enttäuscht sah Cornies zu, wie sein Werk geschlossen werden musste.

Ähnlich erging es dem Tabakanbau. Der landwirtschaftliche Verein hat viel Kraft und Geld in eine Tabakplantage investiert und das sogar bewusst gegen Bedenken aus den eigenen kirchlichen Kreisen. Fürst Woronzow persönlich hatte den Tabakanbau angeregt und unterstützte ihn nach Kräften. Cornies hatte eigens für den Anbau eine Schrift verfasst und leitete persönlich den Anbau. Selbst starker Tabakraucher, glaubte er bald ganz Russland damit zu versorgen.

---

[90] Gavel 1848:16.

[91] Haxthausen zit. nach Matthäi 1865:76.

[92] Toews 1982:6.

Aber dann setzten die Regierungskreise dem Vorhaben ein Ende. Man befürchtete wohl, der emsige Cornies könnte auch auf diesem Gebiet zum ernsthaften Konkurrenten aufsteigen. Mächtige Leute kontrollierten den Tabakanbau im Land. St. Petersburg und Moskau stiegen zu den wichtigsten Vertriebszentren für Tabak in Europa auf. In diesem lukrativen Geschäft hatte der fromme Cornies keinen Anteil. Jedenfalls musste das Experiment eingestellt werden.

Auch Versuche mit dem Anbau von Flachs, konnten sich nicht lange halten. Nein, nicht alles was sich der Mann erträumte, konnte auch verwirklicht werden. Aber keine dieser Niederlagen wäre je stark genug gewesen, Cornies den Mut zu nehmen weiterzumachen. Gelang das eine Projekt nicht, so hatte er schon lange ein Weiteres in der Mache. Ihm schienen die guten Ideen nie auszugehen. Und Niederlagen waren an dieser Stelle die besten Motivationen für Neues. Wenn er etwas aus seinen Beobachtungen der Natur und seinen Studien in Büchern verstanden hatte, dann dies: Leben ist Bewegung. Wer rastet, der rostet. Stillstand ist für ihn nie eine Alternative gewesen. Und die Kolonie als Lebensbiotop gesehen, durfte in ihrer Entwicklung nicht stehen bleiben. Dafür war ihr Gott gegebener Auftrag, wie Cornies ihn wohl verstanden hatte, zu wertvoll.

Kapitel 4
Die Kolonie als Ort der Zukunft

1. Die Kolonie als Lernwerkstatt

Die russische Regierung hatte die deutschen Siedler als potenzielles Licht für ihre Dörfer ins Land eingeladen. Sie setze auf die kulturelle Kraft, Innovation und den Fleiß der Deutschen. In St. Petersburg wurde die europäische Kultur als fortschrittlich bewundert. Das Zarenhaus war mit dem europäischen Adel verwandt. Die entscheidenden Gestalter der Kolonisierungspolitik waren selbst Deutsche, wie Katharina II. Sie sahen auf die Rückständigkeit ihrer Untertanen mit Verachtung herunter. Die Europäischen Einwanderer sollten wesentliche Verbesserungen bringen. Cornies hatte diesen Auftrag nicht nur verstanden, sondern ihn auch theologisch untermauert. Für ihn stellte das Ansehen des Zaren weniger einen politischen Auftrag dar. Vielleicht änderte er seine Ansichten zum Ende seines Lebens. Aber an keiner Stelle lässt sich aus seinen Äußerungen so etwas wie Patriotismus heraushören. Wenn überhaupt, dann war es ein missionarischer Auftrag, getragen von persönlichem Glauben an Gott, der sich um alle Menschen kümmert. Im Kolonieprojekt fanden die einzelnen Fäden seiner Lebensberufung zusammen. Hier konnte er wirken, solange noch Tag war, seine Gaben einbringen, wo sie gebraucht wurden und Menschen prägen, damit sie den Lebensraum um sich herum sinnvoll und zukunftsgerecht gestalteten. Die Kolonie, die Cornies baute, sollte zu einer Art Lernwerkstatt werden, in der Glaube Gestalt gewinnt und so wieder Glauben initiiert. Eine solche Lernwerkstatt verlangte nach Strategie, Plan, Prinzipien und allem anderen voran Mut. Cornies brachte alle diese Eigenschaften mit.

2. Gebildet, fleißig und zielstrebig Zukunft gestalten

Cornies verdankte seinen enormen Erfolg seinem Wissen. Weil er lernte, las, beobachtete und studierte, kam er weiter. Nie wurde er müde darüber zu berichten. Nur Wissenden gehörte die Zukunft. Wenn auch seine Kinder und Enkelkinder eine Zukunft in Russland haben wollten, dann mussten sie lernen. Davon war Cornies zutiefst überzeugt. Und wovon er überzeugt war, dass wurde bald zu einem Aktionsprogramm. Und so gehört das Bildungsprogramm in der Kolonie zu einem seiner wichtigsten Beiträge zur Entwicklung des mennonitischen Lebensraumes. Cornies kann sogar mit Recht als Vater des mennonitischen Schulwesens bezeichnet werden.

Mennonitische Siedler kannten keine eigenen Schulen. Sie kamen aus einem deutschen Allgemeinbildungssystem, das keine Privatschule vorsah und in Russland angekommen, lebten sie in einer dörflichen Welt, die auf den ersten Blick gar keine schulische Bildung benötigte.[93] Den frommen Einwanderern

[93] Die allgemeine Schulpflicht wurde in Russland erst 1917 eingeführt.

war nur wichtig, dass ihre Kinder die Bibel lesen konnten.[94] Alles andere würden sie schon im Lebensalltag erlernen. Die meisten waren gar der Meinung, dass zu viel Wissen dem Glauben schadet. Der berühmte Spruch „Je gelehrter, desto verkehrter" machte seine Runden. Die Kinder sollten vor allem glauben, gehorchen und fleißig arbeiten lernen. Dann würde sich der Erfolg im Leben, Wohlstand und Glück schon einstellen. Wie gesagt – auf den ersten Blick.

Cornies, selbst Schulabbrecher, hatte gelernt den zweiten Blick zu schätzen. Mit viel Fleiß und Disziplin hatte er sich selbst weitergebildet. Und sein Erfolg gab ihm offensichtlich recht. Wollte er seine Kolonie weiterbringen, so musste unbedingt Bildung her, ein gut entwickeltes Schulwesen, das den Kolonistenkindern den Weg in eine sinnvolle Zukunft eröffnete. Nicht nur einmal wird er das Thema angesprochen haben. Aber mennonitische Mühlen mahlten langsam. Wer hier weiterkommen wollte, ging entweder mit dem Kopf durch die Wand, oder ließ sich eine Eselsgeduld schenken. Cornies hatte beides. Es fiel ihm nicht schwer gegen alle Konventionen seiner Landsleute zu verstoßen, wenn nur das Richtige gemacht wurde und er ähnelte auf der anderen Seite einer Klette, die, wenn sie sich einmal an den Wirtskörper heftete, nicht mehr losließ. Und so fand er unter den Ohrloffern auch für seine Schulpläne Verbündete.

Im Jahr 1818 gründete er zusammen mit weiteren Siedlern den „Christlichen Schulverein" in Ohrloff. Die molotschnaer Kinder sollten nicht nur mehr schlecht Lesen und Schreiben lernen, sondern eine grundlegende schulische Ausbildung bekommen, die den entsprechenden Schulen in den Städten in nichts nachstand. Schon zwei Jahre nach der Gründung des Trägervereins wurde 1820 die erste „gehobene" Vereinsschule, eine Art Elementar- oder Grundschule in Ohrloff eingerichtet. Cornies selbst formulierte „87 allgemeine Regeln über Unterricht und Behandlung der Schulkinder", stellte den Lehrplan zusammen, wählte die Lehrer aus und sorgte dafür, dass die Schule ein anständiges Schulgebäude bekam.[95] Jetzt konnte sein Bildungsprogramm beginnen.

Cornies schrieb den ersten Lehrplan für seine Schule. In den Gesprächen mit seinen Landsleuten ist ihm deutlich geworden, wie niedrig deren Ansprüche für die Ausbildung ihrer Kinder waren. Er wollte und musste sicherstellen, dass die Dorfkinder eine wirkliche Schulbildung bekamen. Und dementsprechend stellte er den Lehrplan zusammen. Zu den wichtigsten Lehrinhalten gehörten: Bibellesen mit richtiger Betonung, Recht- und Schönschreiben,

[94] Lichdi 2004:143.

[95] Lichdi 2004:144.

Rechnen, Erdkunde, Deutsche Sprache und Singen.[96] Sein Biograph David Epp unterstreicht dabei die Tatsache, dass für Cornies der Glaubenserziehung der Kinder eine zentrale Rolle zukam. Epp schreibt: „Der Religionsunterricht muss Wurzel und Stamm allen Unterrichts sein, aus denen die Wissenschaften als Äste und Zweige hervorschießen, die aber vom Stamme des eigentlichen Lebens empfangen“, stellte Cornies fest.[97] Und es ist kaum anzunehmen, dass es ihm bei solchen Aussagen nur darum gegangen ist, die frommen Meinungsmacher in der Kolonie für die Schule zu gewinnen. Er scheint zutiefst davon überzeugt gewesen zu sein, dass tiefer Glaube und breites Wissen fest zusammengehören. Aber, und das kommt in seinem Lehrplan ebenfalls deutlich zum Ausdruck, der Religionsunterricht allein vermag ebenfalls nicht zu überzeugen. So wenig wie ein Baum ohne Äste und Zweige einem Baum gleicht, so wenig kann der Religionsunterricht allein auf ein sinnvolles Leben vorbereiten. Wahrer Glaube braucht immer einen sichtbaren Ausdruck im Alltag. Wahrer Glaube hat ein menschliches Gesicht, Weisheit und Vernunft den Alltag zu bewältigen. Wahrer Glaube bleibt nicht in Bekenntnissen stecken, so richtig diese auch sein mögen, sondern bahnt sich einen Weg in die konkrete Nachfolge. „Niemand kann Christus nachfolgen, es sei denn er folgt Ihm im Alltag nach“. Solche Sätze seiner täuferischen Glaubensväter prägten das Denken des jungen Schulgründers. Und zum Alltag gehörte eben weit mehr als nur Beten und Bibellesen.

Nur langsam akzeptierten die Bauern Cornies neue Schule. Sie verstanden den Sinn der meisten Lerninhalte, die weiterführten als Lesen und Schreiben nicht. Warum in aller Welt sollte ein Mennonitenkind Erdkunde lernen? Niemand plante in der Welt herumzureisen. Vielleicht Cornies selbst. „Immerhin war sein Vater mal Matrose“, spottete man. Das harte Bauernleben in der südrussischen Steppe sah so etwas gar nicht vor. Cornies’ Rede vom Baum und von den Ästen wollte nicht in ihre Köpfe. So wichtig wie der Religionsunterricht auch war, lernte man nicht den Glauben in der Kirche kennen? Waren es nicht die Prediger, die die Familien den rechten Glauben lehrten? Die frommen Eltern? Und dann, was würden die Lehrer an der Schule den Kindern beibringen? War es denn garantiert, dass sie ihnen auch den wahren Glauben beibrächten? Den Grund daran zu zweifeln hatte man ja bereits mit der Berufung des Pietisten Tobias Voth. Waren dessen Einsichten biblisch? Täuferisch? Viele, sehr viele Fragen gingen den Mennoniten durch den Kopf und heizten die Diskussion im Dorf und in den Gemeinden an. Was sollte da diese besondere Schule? Gehoben sollte sie sein. Was sonst als Stolz könnte eine solche Schule bringen?

---

96 Ebd.

97 Epp 112.

Cornies dachte weiter. Nicht nur einmal musste er zusehen wie aus Mangel an biblischer und theologischer Erkenntnis die Gemeinden in Streitigkeiten verfielen, und niemand schien dabei helfen zu können. Kleinigkeiten und Nebensächlichkeiten konnten die viel beschworene mennonitische Einheit in Windeseile zum Kippen zu bringen. Mochten die Ältesten und Prediger noch so sehr behaupten ihren Glauben zu kennen – der Alltag bewies genau das Gegenteil. Der Stand ihrer Kenntnisse war erschreckend niedrig. Und nur eine Schule könnte hier auf Dauer helfen. Freilich auch nur dann, wenn man Lehrer an die Schule berief, die gebildet und informiert waren. Aber unter den eigenen Leuten waren solche gebildeten Leute praktisch kaum vorhanden. Da musste man über den eigenen Zaun sehen. Sicher, Einsteiger von außen bringen potenziell Unruhe ins Haus, aber ist nicht auch Unruhe letztendlich besser als Stillstand? Mit eindrucksvollen Bildern versuchte der wortgewaltige Cornies seine Landsleute von der Wichtigkeit des Lernens zu überzeugen. Aber diese winkten skeptisch ab. Im Hof und auf den Feldern wartete viel Arbeit. Da wurde jede freie Hand gebraucht. Auch die der Kinder. Die Schule störte dabei. Immer wieder hielten deshalb die Mennoniten ihre Kinder von der Schule zurück. Und alles Zureden der Lehrer half wenig.

Auch Cornies hatte zunächst keine Macht, die Schulpflicht durchzusetzen. Erst als er, zehn Jahre nach der Gründung der Schule, Vorsitzender des übermächtigen landwirtschaftlichen Vereins wurde, verpflichtete er die Eltern ihre Kinder zur Schule zu schicken und ließ den regelmäßigen Schulbesuch der Kinder überwachen. Kinder gehörten in die Schule und nicht aufs Feld. Endlich konnte sich die Schule zu einem aus dem Alltag der Mennoniten nicht mehr wegzudenkenden Faktor entwickeln. Und schon bald war es nicht nur die Schule in Ohrloff. Kinder sollten zu ihrer Grundschule zu Fuß laufen können. Also gehörte in jede größere Siedlung eine Elementarschule.

Gleich zu Beginn der ersten Schule stellten die mennonitischen Schulen einen hohen Bildungsanspruch dar. Und bei den gehobenen Elementarschulen sollte es nicht bleiben. Die Dorfschulen wurden ab 1846 auf Initiative Cornies' mit Zentralschulen in Ohrloff und Chortiza ergänzt.[98] Diese Zentralschulen waren der deutschen Realschule nachempfunden und lehnten sich auch stark an die aus Deutschland georderten Lehrpläne.[99] Der Weg in eine beispiellose Bildungsinitiative nahm seinen Lauf.

Ein großer Verdienst hierbei kommt dem ersten Lehrer an der Schule in Ohrloff, Tobias Voth (geb. 1791) zu. Voth wurde 1822 von Johann Cornies an der Schule angestellt und nach sieben Jahren von diesem wieder aus dem Schul-

---

98 Ebd:145.

99 Gerlach 2014.

dienst wegen dessen „Weichherzigkeit den Schülern gegenüber" und seiner Unkenntnis der russischen Sprache entlassen. Cornies verlangte eine deutlich „männlichere" Einstellung von seinem Lehrer. Vielleicht war es aber auch die eher individualistisch geprägte pietistische Frömmigkeit von Voth, die dem mächtigen Vorsitzenden des Christlichen Schulvereins missfiel. Jedenfalls glaubte der Historiker der russischen Mennoniten P. M. Friesen, dass er Voth wegen seiner „religiösen Weise" und seiner „Frömmelei" entlassen habe.[100]

Voth war in der Tat ein frommer Mann. Er hatte sich noch in seiner Heimat Brenkenhofswalde in Brandenburg als junger Lehrer zum persönlichen Glauben bekehrt und teilte die hier gelebte Frömmigkeit von Herzen.[101] Seine Bekehrung und geistliche Bildung verdankte er unter anderem den Werken Heinrich Jung-Stillings.[102] Auch in Ohrloff setzte Voth entsprechende Akzente. Zusammen mit Cornies gründete er den Leseverein und die dazugehörige „Volksbücherei". Bücher und Zeitschriften wurden besorgt. Zu der angebotenen Lektüre gehörten auch Missionsblätter der Basler, Neukirchener und Hermannsburger Mission. Voth unterhielt eine intensive Korrespondenz mit den Herrnhutern und war somit über ihre Missionsarbeit in Westindien, Labrador und Grönland bestens informiert. Gerne gab er sein Wissen an die Gläubigen in Orloff weiter, lud sie zu Vorlese- und Missionsgebetsabenden ein und gestaltete an der Schule und in der Gemeinde Missionsfeste. Während seiner Zeit spendeten einige Mennoniten aus Ohrloff für die Mission.[103] Kasdorf macht deutlich, dass diese, auch wenn zeitlich recht begrenzte Arbeit Voths, bleibenden Eindruck in der Kolonie hinterließ und wesentlich zur Entwicklung der missionarischen Gesinnung der Mennoniten beitrug.[104]

Voths Nachfolger an der Ohrloffer Schule war Heinrich Heese (1787-1868), ebenfalls aus Westpreußen und einer lutherischen Familie entstammend, hatte im Unterschied zu Voth Russisch gelernt, eine Mennonitin geheiratet und war selbst zur Mennonitischen Gemeinde konvertiert und war auch sonst den Reformplänen Johann Cornies' sehr wohl gesonnen. Er wurde in seinen Jahren in Ohrloff sogar zu einer Art Sekretär für Cornies.[105] Heese hat wesent-

---

[100] Friesen 1911:577; siehe auch Kasdorf 1991:66

[101] Zur Gemeinde Brenkenhofswalte und den Einflüssen auf russländische Mennoniten siehe unter anderem: Friesen 1911:80-84; Grous 1954:7-29; Kasdorf 1991:64-65; u.a.

[102] Friesen 1911:570.

[103] Ebd: 78; 117-119; 576-578.

[104] Kasdorf 1991:66.

[105] http://www.taeufergeschichte.net/index.php?id=lehrer_heinrich_heese_an_chortitza_molotschna (10.1.2013).

lich zur Entwicklung der weiterbildenden Schulen an der Molotschna und Chortiza mitgewirkt.

Cornies hatte aber nicht nur einen Blick für die Kinder. Auch ihre Eltern mussten lernen, wenn sie weiter kommen wollten. Und so wurde in Ohrloff der Leseverein gegründet. Cornies hatte sein Wissen aus den Büchern. Was er vermochte, konnte jeder andere im Dorf genauso. Nicht jeder Bauer nahm sich aber Zeit fürs Lesen und, offen gesprochen, fiel es den meisten Mennoniten eher schwer. Im Leseverein wurden aber nicht nur Bücher ausgeliehen, sondern auch vorgelesen. Es ist erstaunlich welche Ansprüche der Leseverein an die von ihm geführte Literatur hatte. Allein der Leipziger Buchhändler Johann Ambrosius Barth lieferte zwischen 1827 und 1830 56 Bücher nach Ohrloff, die interessantesten an Cornies persönlich. Die Titel der Bücher verraten neben theologischen auch allgemeine Alltagsthemen, neben Abhandlungen zur Gesellschaft, Geschichte und Kultur.[106]

Neben allgemeiner Bildung sah Cornies aber auch die praktische Ausbildung der nächsten Generation vor. Die mennonitische Jugend musste Arbeiten lernen. Er duldete keinen Müßiggang. Sobald er die Leitung des landwirtschaftlichen Vereins übernahm, setzte er sich bewusst für die Arbeitserziehung der Jugendlichen ein. Nicht jedes Elternpaar hatte ihre heranwachsenden Kinder im Griff. In den Dörfern entwickelte sich eine gefährliche Kultur des Herumlungerns. Der Unfähigkeit der Eltern ihre Kinder entsprechend zu erziehen, musste abgeholfen werden. Junge Leute, die sich in den Dörfern umhertrieben und ihren Eltern nicht gehorchten, wurden nun vom landwirtschaftlichen Verein als Knechte an strenge und erfolgreiche Bauern verwiesen. Hier mussten sie Arbeiten lernen, ob sie wollten oder nicht. Walter Quiring schreibt:

> „Bei seiner großen Autorität kann Cornies seinen erzieherischen Einfluss vielfach auch im Privatleben der Einwanderer geltend machen. Anlass bietet sich nur zu oft, wenn sich zum Beispiel einer der Kolonisten der eingeführten Ordnung nicht fügen will, oder wenn ein junger Mann lieber bummelt, anstatt seinem Vater in der Wirtschaft zu helfen. Solche Kolonistensöhne werden an tüchtige und strenge Bauern als Knechte vermietet, um sie dort in einer harten Schule erziehen zu lassen.“[107]

Überhaupt mochte sich Cornies unter einem Knecht nichts anderes als einen Schüler, der fürs Leben lernte, vorzustellen. Harthausen berichtet in dieser Hinsicht von einem interessanten Gespräch mit Cornies anlässlich eines Besuchs in der Kolonie:

---

[106] Epp 1998:63-64.

[107] Zit. nach Greve 2003; Siehe auch Gavel 1848:17.

„Die herrschende Gleichheit spricht sich am deutlichsten in dem Verhältnisse zwischen Herren und Knechten aus. Dies ward mir besonders klar, als ich das zwischen Herrn Kornies und dem Knechte, der uns fuhr, bestehende Verhältnis beobachtete. Es war durchaus sogar in den äußern Höflichkeitsformen mehr das Verhältnis eines Sohnes zu seinem Vater, als eines Knechts zu seinem Herrn. Als ich Herrn Kornies meine Bemerkung mittheilte, sagte er: „bei uns ist es Regel, daß jeder, selbst der Sohn des reichsten Bauern bei einem andern, einem Nachbaren, ein paar Jahre als Knecht dient, das Knechtsein ist daher bei uns kein Stand, sondern ein Durchgang fürs Leben, eine Schule; ein jüngerer Bruder war eine Zeitlang Knecht bei mir, und ist noch jetzt mein Verwalter. Wir zahlen unsern Knechten und Mägden einen sehr hohen Lohn, 30 bis 70 Rubel Silber, und halten dies als Sitte aufrecht; das gleicht sich dann auch ohne Schaden aus. Da hat denn selbst ein Armer Gelegenheit, sich ein kleines Vermögen zu sammeln, und hier, wo noch überall ödes fruchtbares Land vorhanden ist, eine kleine Wirthschaft zu etabliren und oft selbst Bauer zu werden. Da ist es dann auch etwas Gewöhnliches, daß selbst die Töchter reicher Bauern den Knecht des Hofes heirathen, oft selbst den armen, wenn er brav und tüchtig ist. Auch meine Tochter kann heirathen wen sie will, selbst einen Knecht, wenn sie ihn mag und er nur brav ist.“[108]

Nein, die Erziehungsmaßnahmen waren alles andere als Schikanen. Nicht strafen wollte Cornies die aus dem Ruder gelaufenen Jugendlichen, sondern zum Leben erziehen. Auch aus ihnen sollten bessere Menschen werden, die ihren Glauben im harten Alltag der Steppe zu leben wussten und zwar so, dass man zu ihnen aufsah und danach zu fragen begann, was es denn sei, das den Unterschied bewirke.

Freilich werden Lehrer nur selten von allen verstanden. Erst recht, wenn dieser Lehrer sich gleichzeitig an Kindern, Jugendlichen und ihren Eltern zu erziehen befleißigt. Der mächtige Vorsitzende des landwirtschaftlichen Vereins war bei der großen Mehrheit seiner Mennoniten eher ungeliebt. Zu kompromisslos waren seine Hilfsangebote, zu radikal die Reformen. In der beschaulichen Welt der mennonitischen Bauern ging mit Cornies alles auf einmal rasend schnell. Und das verursachte Angst und Abneigung. Doch wehren konnte sich in den Dörfern niemand. Gegen Cornies schien kein Kraut gewachsen. Er machte sowieso was er für richtig hielt. Und die sichere Unterstützung seiner Machtposition durch die Regierung machte ihn in ihren Augen zu einer Art „Staatskommissar“, wie Ehrt es ausdrückt.[109]

---

108 Harthausen 1847:184-185.

109 Ehrt 38-39.

Kontinuierlich baute er die Zuständigkeiten des von ihm geleiteten landwirtschaftlichen Vereins aus und übernahm schließlich nahezu alle Schlüsselpositionen im sozialen und wirtschaftlichen Gefüge der Kolonie. Die Macht der miteinander zerstrittenen Ältesten und Prediger wurde Jahr für Jahr beschnitten. Zwar versuchten diese durch die Wahl von Oberschulzen, die nicht bereit waren mit Cornies zusammenzuarbeiten, den Reformeifer des Vereins zu entschleunigen. Aber Cornies klagte beim Fürsorgekomitee und bekam jedes Mal recht. In Odessa und St. Petersburg hatte man offensichtlich erkannt, dass, während Cornies immer an das Allgemeinwohl aller Kolonisten dachte, seine Opponenten ihren eigenen Vorteil suchten. Mit der Zeit revolutionierte der Verein die Landwirtschaft, führte trotz Widerstand die Schwarzbrache und das Vierfeldsystem verpflichtend ein, baute Seidenproduktion und Tabakanbau aus und zwang die Bauern zum Wirtschaften wie Cornies es tat. Auch in sozialer Hinsicht gab es bald kein Vorbei mehr an Cornies. 1843 übernahm der landwirtschaftliche Verein die Schulaufsicht, die bis dahin unter der Leitung der Kirche stand. In nur 5 Jahren bis zum Tod von Cornies wurde die Schulausbildung radikal und nachhaltig verändert.[110]

Solange Cornies lebte, schien jeder Widerstand gegen den landwirtschaftlichen Verein sinnlos. Als er dann völlig unerwartet im Jahr 1848 starb, stürzten seine Kritiker die molotschnaer Kolonie in die größte Krise ihrer Geschichte, die bis nach dem Ende des Krimkrieges (1853-1856) im Jahr 1865 andauerte.[111] Aber bis dahin hatte Cornies seine geliebte Kolonie zum Paradies inmitten der neurussischen Steppe verwandelt. In einer Mitteilung des Ministeriums der Reichsdomänen aus dem Jahr 1841 heißt es über die mennonitischen Kolonien in Neurussland:

> „Schon bei der Einfahrt in die mennonitischen Kolonien hat man den Eindruck in einer anderen Welt angekommen zu sein. Alles was man hier an Einrichtung sieht steht im krassen Gegensatz zu dem Leben der anderen Siedler. Die Dörfer sind richtig angelegt … vor und nach den Häusern befinden sich Obstgärten und um die Dörfer gedeihen Waldpflanzungen. Die meisten Häuser sind aus Stein … gemütlich eingerichtet und schön gestaltet. Die Höfe sind bestens ausgebaut und entsprechen den besten Wirtschaften. Alles zusammen vermittelt einen angenehmen und aufgeräumten Eindruck … Die Mennoniten haben in allem Überfluss; Arme kennen sie nicht … viele unter ihnen sind reich; das Einkommen mancher erreicht 15. bis 20. Tausend Rubel in Silber."[112]

---

110 Friesen 1911:159-160; Epp 1998:79.

111 Epp 1998:79.

112 Bondar 1916:37-38.

Und der Bericht schließt damit, dass „die Kolonien der Mennoniten im Gouvernement Taurien in gewisser Hinsicht eine experimentale Farm oder eine Musterwirtschaft darstellen, in der alles nach vorne kommt und immer wieder in allem nach Verbesserung trachtet; sie nutzen alle Neuerungen für die Verbesserung ihres Systems, wenn solche nach entsprechendem Nachsinnen sich als hilfreich erweisen. Alle Arten der Landwirtschaft sind bei ihnen fortschrittlich und gut: Ackerbau, Viehzucht, Schafzucht, Waldwirtschaft, Gartenbau, Bienenzucht und Handwerk".[113]

Von solchen Dörfern sollten und durften die anderen lernen. Wie auch sonst, wenn selbst die mächtigsten unter den Russen vor Ort den Rat ihres Vorsitzenden Johann Cornies suchten. Harthausen schreibt:

> „Der Kaiser von Rußland könnte ihn jeden Augenblick zum Gouverneur des Landes ernennen, er würde an seiner rechten Stelle sein, aber er selbst will nichts anders sein als ein mennonitischer Bauer, der bei seiner Taufe versprochen hat „der christlichen Pflicht gemäß, nicht zu regieren, und nicht die Waffen zu führen!" Er hat keinen Rang und keinen Orden, er müßte beides sogar, seiner religiösen Pflicht gemäß, ablehnen, ungeachtet er beides wohl mehr verdienen möchte, als so mancher Besternte in Rußland! Wie mächtig seine Persönlichkeit sein muß, ist nirgends klarer als in Rußland, wo sonst ohne Rang und Orden niemand etwa gilt, aber selbst der Gouverneur von ganz Südrußland, der edle Fürst Woronzow, hat nicht leicht einen Schritt bei der innern Verwaltung dieser Gegend, ohne J. Kornies um Rath zu fragen."[114]

3. Wer lernen will, der soll von uns lernen

Licht der Welt als Kolonie zu sein – in Taurien und Russland. Salz der Erde inmitten der neurussischen Steppe. Das wäre ein Traum, der dem tiefgläubigen Cornies gefallen würde. Das Governement Taurien zeichnete sich durch viele Völker und ihre Glaubensvorstellungen aus. Hier gab es Menschen die beides, Licht wie Salz brauchten. Friedrich Mattäi, der seine Angaben vor allem auf die Aufzeichnungen des deutschen Reisenden Baron von Haxthausen zurückführt, gibt folgende Angaben zur Bevölkerung Tauriens an:

> „Das Gouvernement Taurien umfaßt 1136 M., zählt unter seinen 392,195 Bewohnern (ca. 350 Bewohner auf die M.) 83,000 Russen, 200,000 Klein-Russen, 27,000 Deutsche, 4000 Armenier, 2500 Bulgaren, 7700 Griechen, 5000 Schweden, 12,995 Juden und 50,000 Tataren. Außer den Gliedern der orthodox-griechischen Kirche finden sich hier 37,621 Evan-

[113] Ebd.

[114] Harthausen 1847:181-182.

gelische, d.h. Lutheraner, Mennoniten und Pietisten-Brüder, 6880 Röm.-Katholiken, 4000 Arm.-Gregorianer, 9702 Juden (Talmudisten), 3293 Juden (Karaimen), 50,000 Muhamedaner."[115]

Das waren Menschen, die sich nach einem geordneten und wohlfunktionierendem Leben sehnten. Viele von ihnen waren, wie die Mennoniten selbst, hierher umgesiedelt, andere lebten seit Jahrhunderten hier am Ufer des Asowschen Meeres. Jetzt teilten sie das Land und kämpften Jahr für Jahr ums Überleben. Beispiele gelungener Kultivierung des Landes waren in jedermanns Ohr eine gute Nachricht. Und die Mennoniten waren ein solches Beispiel. Ihnen war gelungen, was niemand zuvor vollbracht hat. Ihre Dörfer blühten, ihre Wirtschaft brachte Wohlstand in jedes Haus und ihre Kinder besuchten die besten Schulen des Landes. Wie ein Wohlgeruch bereitete sich die Nachricht vom mennonitischen Wunder in den Steppen Tauriens in Russland aus. So kamen Jahr für Jahr immer mehr Menschen in die Kolonien um von den Mennoniten und ihrem Vorsitzenden Johann Cornies zu lernen.

Und Cornies setzte sein Wissen und seine Position im landwirtschaftlichen Verein sowie das Vertrauen, das er in der russischen Verwaltung genoss, nicht nur für seine mennonitischen Glaubensgenossen ein. Deutsche Siedler, Hutterer, orthodoxe Sekten wie die Molokanen und Duchoborzen und sogar die muslimischen Nogayer konnten mit seiner Unterstützung und seinen Rat rechnen.[116] Jakob Stach, einer der besten Kenner der deutschen Siedlungsgeschichte in Russland schreibt:

> „Es gab kaum einen zweiten Menschen, der sich so mit Leib und Seele für das Allgemeinwohl einsetzte. Glaubensbekenntnis und Nationalität machten für ihn keinen Unterschied. Freilich haben seine Glaubensgenossen in der Molotschna mehr von ihm gehabt, aber er diente auch Russen, Nogajern, Duchoborzen und Molokanern wie ein Bruder."[117]

Sein Einsatz für das Allgemeinwohl nahm zuweilen deutliche Züge einer persönlich geglaubten Berufung. George Epp spricht an dieser Stelle von einer „religiös bedingten Berufung zum Dienst am Mitmenschen"[118]. Cornies scheint tatsächlich daran geglaubt zu haben, dass er und seine Mennoniten nicht zufällig in Russland angekommen sind. Für ihn stand hinter allem Gott. Und Ihm, seinem eigentlichen Auftraggeber fühlte er sich allein verpflichtet. Menschenlob, Lob der Regierung, offizielle und kirchliche Ämter bedeuteten ihm nichts.

---

[115] Matthäi 1865:87.

[116] Dyck 1981:173.

[117] Stach 1913:65; Epp 1998:63-63.

[118] Epp 1998:63.

Der selbstlose Einsatz für das Wohl der Anderen wurde auch von der Regierung bemerkt. So notiert Alexander Klaus, ein hoher Beamter aus St. Petersburg, der an den Bauernreformen des Zaren Alexander II. beteiligt war und deshalb in den Jahren 1864-1867 auch die mennonitischen Siedlungen in Südrussland bereiste und inspizierte:

> „Am Steuer der Molotschnaer Kolonien oder richtiger, am Steuer der ganzen neurussischen Bruderschaft der Mennoniten stand eine höchst bemerkenswerte Persönlichkeit. Bemerkenswert wegen ihrer Uneigennützigkeit des Energieaufwandes, der Festigkeit des Charakters, wegen des klaren Verstandes und der sittlichen Kraft. Diese Persönlichkeit, die ihr ganzes Leben dem allgemeinen Wohl gewidmet hat, ist kein anderer als der Mennonit Johann Cornies. Sein Ruf begründete sich nicht auf einem öffentlichen Titel, er war nur Vorsitzender des molotschnaer landwirtschaftlichen Vereins. Dennoch wurden sogar die benachbarten Nogaier und russischen Bauern von seinem sittlichen Einfluss berührt.“[119]

Die unter der Führung von Cornies blühende mennonitische Landwirtschaft war wie der russische Historiker Bondar schreibt „in ganz Russland berühmt.[120] Und ganz Russland konnte und sollte nun kommen und sehen „wie lieblich und einträchtig die Brüder beieinander leben“.

4. Alle deutschen Siedler sollen Musterlandwirte werden

Der erste Auftrag der Regierung an Cornies erreichte den noch jungen Mann als 28-jährigen im Jahr 1817. Es ging um die Wahl eines Ansiedlungsplatzes und die Organisation einer Kolonie für neue mennonitische Übersiedler aus Preußen. Das Fürsorgekomitee baute in solchen Fragen auf Empfehlungen lokaler Verwaltungen und Cornies wurde vermutlich vom molotschnaer Gebietsamt vorgeschlagen, die Ländereien für die Neuankömmlinge auszusuchen und ihre Dörfer zu planen und anzulegen. Wie kein anderer kannte er die Steppe, wie wenig andere war er als Landwirt erfolgreich die Steppe urbar zu machen. Er sprach Russisch und wusste sich mit den Nogaiern zu verständigen. Das Fürsorgekomitee hatte sich offensichtlich diesen jungen Mann genauer angesehen. Er gewann ihr Vertrauen und erledigte die ihm gestellte Aufgabe zur vollen Zufriedenheit sowohl der Neusiedler, als auch der Verwaltung.

---

[119] Klaus 1869:168. Deutsch nach Epp 1998:65.

[120] Bondar 1916:37.

Jedenfalls wandte sich das Fürsorgekomitee bereits zwei Jahre später, 1819 wieder an Cornies mit der Bitte, nun auch die aus Württemberg stammenden, lutherischen Separatisten anzusiedeln. Auch sie drängten auf der Suche nach religiöser Freiheit und der baldigen Erwartung der Wiederkunft des Herrn nach Russland. Und auch sie kannten aus der württembergischen Heimat weder geschlossene pietistische Siedlungen, noch kommunale Selbstverwaltung. Und dann zeichnete sich die Landwirtschaft in der schwäbischen Heimat durch völlig andere Bodenbeschaffenheit aus. Der Weg zum Musterlandwirt war für diese Deutschen ein noch steinigerer, als der, den die Mennoniten zuvor gegangen waren. Doch nicht weniger als das erwartete die russische Krone von den Deutschen. Cornies konnte und musste helfen.

Auch hier bewies der umsichtige Mann viel Fingerspitzengefühl und erledigte seinen Auftrag zur vollen Zufriedenheit aller Beteiligten. Die Separatisten waren so zufrieden mit seiner Arbeit, dass sie sich fortan bis zum Lebensende Cornies' von diesem vor dem Fürsorgekomitee vertreten ließen.[121] Dabei waren es nicht nur Fragen der Beziehung zum russischen Staat mit denen sich diese pietistischen Siedler an Cornies wandten. Wie ein Brief des Vorsitzenden dieser Gemeinden an Cornies aus dem Jahr 1842 beweist, baten sie ihn auch um Rat in gemeindeinternen Fragen.[122]

Auch in diesen Fragen standen die Neuankömmlinge vor schwerwiegenden Entscheidungen. In der Heimat gehörten sie offiziell alle zu der einen Lutherischen Kirche, bekämpften diese jedoch wegen ihrer geistlichen Lage, versammelten sich in kleinen Kreisen von Frommen und kümmerten sich wenig um die Organisation der Kirche. Hier in der Fremde war nun alles anders. Es gab die große Landeskirche nicht. Sie selbst waren aber in den Augen der russischen Behörden Kirche. Wie aber in aller Welt organisiert man sich als solche und dann noch unter Gläubigen die jegliche Unabhängigkeit in Sachen Glauben für sich in Anspruch nahmen? Streit und Spaltung waren automatisch auf der Tagesordnung. Brons beschreibt in seiner Darstellung der deutschen Kolonien auch die Dörfer der Lutheraner und Katholiken. Da heißt es unter anderem:

> „Nachdem wir die 18 Mennonitenkolonien besucht hatten, begaben wir uns zu den andern 8 Kolonien, welche jenseits um Prischip herumliegen. Die Deutschen, welche sie gegründet haben, machen 932 Seelen aus. Sie haben einen Obervorsteher gewählt, welcher ein Nassauer von Geburt ist. Ihrer Religion nach sind sie teils Katholiken, teils Reformierte oder Lutheraner, allein noch keine dieser Religionsparteien hat einen Prediger oder Schul-

[121] Epp 1998:61.

[122] Ebd:62.

> meister. Gegen die Mennoniten stechen sie sehr zu ihrem Nachteile ab. Obgleich sie mit diesen zugleich ins Land gekommen, waren sie mit dem Häuserbau noch weit zurück, sie wohnten noch zum Teil in Semlinken (Erdhütten) und hatten viele Kranke.“[123]

Diese Siedler brauchten Hilfe und sie konnten offensichtlich, so das Urteil des Reisenden aus Deutschland, von den Mennoniten lernen. Und immer wieder nahmen sie das Vorbild und den Rat der Mennoniten, vor allem in der Person von Cornies war.

Cornies positiver Einfluss auf die Siedler in wirtschaftlicher Hinsicht und seine grundsätzliche Zuneigung zum Pietismus und Kenntnis der pietistischen Väter auf der anderen Seite und der Einblick in die überaus schwierige Situation der Mennonitengemeinden, machten ihn zum idealen Gesprächspartner auch in Fragen der Kirchenorganisation. Nicht ohne Grund sahen die Gemeinden der Lutheraner in ihrer inneren Organisation bald den Mennonitengemeinden in Russland verdächtig ähnlich.

Bekannt und viel gepriesen war auch Cornies' Einsatz für die Hutterer. Diese täuferische Gemeinschaft war noch während des türkischen Krieges (1770-1775) nach Russland gekommen. Harthausen schreibt über sie:

> „Zur Zeit des 30jährigen Kriegs von neuem verfolgt, zogen sie nach Ungarn und Siebenbürgen. Dort lebten sie lange ruhig und erhielten im Anfange des 18. Sec. noch einen Zuzug von Glaubensgenossen aus Kärnten. Um 1752 gelang es den Jesuiten durch ihre Predigten, etwa die Hälfte von ihnen, angeblich 1400, zur katholischen Kirche zurückzuführen. Der Rest, diese Gefahr erkennend, wanderte von neuem aus, und siedelte sich, bei Bucharest in der Walachei an. Während des Türkenkriegs, zwischen 1770 bis 1775, wurden ihre Dörfer ausgeplündert und verbrannt, da wandten sie sich an den russischen Feldmarschall Grafen Rumjanzow und baten, sie nach Rußland überzusiedeln. Er siedelte sie auch wirklich auf seinen Gütern in Podolien an. Dort ging es ihnen, so lange der Graf lebte und auch noch länger, gut.“[124]

Nach dem Tod des Grafen und der Übernahme seiner Güter durch andere, verschlechterte sich ihre Situation zunehmend. Sie wandten sich an das Ministerium für Reichsdomänen und baten um die Zuweisung von Land in Neurussland um ebenfalls eine Kolonie zu gründen. Ihrer Bitte wurde entsprochen und man beschloss, die Hutterer in die Nähe der Mennoniten an die

[123] Brons 284.

[124] Harthausen 1847:197.

Molotschna umzusiedeln. Und wieder übergab das Fürsorgekomitee die Organisation der Ansiedlung in die Hand von Cornies. Harthausen schreibt:

> „Da ward Herr Kornies beauftragt, Ihre Verhältnisse und Bedürfnisse zu untersuchen, und Ihre Ansiedlung in der Nähe der Mennonitencolonie an der Molotschnaja zu beaufsichtigen. Es war doch ein eigenes Geschick, daß sie nach drei Jahrhunderten nach langem Umherirren, endlich in einem fremden Lande auf einmal neben Landsleuten und Glaubensgenossen sich jetzt ansiedeln, die wohl nie von ihrem Dasein etwas gehört hatten!“[125]

Und wieder machte Cornies alles richtig. Schon zwei Jahre später ging es diesen Neuankömmlingen an der Molotschna wesentlich besser. Harthausen berichtet:

> „Als ich diese sogenannten Hutterschen Brüder besuchte, wohnten sie noch in Erdhütten, waren aber sehr fleißig daran mit Steinefahren, Kalklöschen, Lehmbereiten usw., um ihre Häuser ganz nach mennonitischer Weise aufzuführen. Man sah ihnen an, es waren ordentliche, brave Leute. Ihre Nachbarn, die Mennoniten, unterstützten sie nach Kräften.“[126]

Die mennonitische Weise, wie Harthausen es nennt, setzte sich allmählich bei vielen Deutschen in der Region durch. Vorbilder stecken an und hier war es das Vorbild eines im Glauben gelebten Gemeinwesens das ansteckte. Bald wurden nicht nur die Mennoniten für ihren Fleiß und Ordnung gelobt. Was mennonitisch begann stand in wenigen Jahren für deutsch.

5. Ausbildung einheimischer Musterbauern

Der enorme wirtschaftliche Erfolg der mennonitischen Kolonien ließ die russische Regierung an die nächste Phase der Verbesserung der Landwirtschaft im Land denken. 1838 bat das Ministerium für Reichsdomänen Cornies und den landwirtschaftlichen Verein, eine Ausbildung für Jugendlichen aus einheimischen Bauernfamilien in der unmittelbaren Umgebung der Mennonitenkolonie einzurichten. Man versprach sich dadurch einen Fortschritt auch in russischen und nogaischen Dörfern. Cornies sagte sofort zu. Offensichtlich entsprach diese Anfrage der Regierung seinem missionarischen Anliegen. Das Projekt Kronslehrlinge startete im Jahr 1839. Cornies nannte dem Ministerium für Reichsdomänen seine Bedingungen. In einem Brief schreibt er:

> „Die Lernzeit dauert 4-6 Jahre. In dieser Zeit darf ich dem Schüler jede landwirtschaftliche Arbeit übertragen, doch so, dass er sich alle Zweige der Landwirtschaft aneignet ... Die Schüler müssen fürs erste Jahr mit anstän-

---

125 Ebd:197.198

126 Harthausen 1847:197-198.

> diger Kleidung und Fußzeug versorgt sein. Für die folgenden Jahre besorge ich solches auf meine Rechnung. Dem Wunsch der Regierung den Schülern auch Schreiben und Lesen zu lehren wird nachgekommen werden.“[127]

Cornies verlangte außerdem von der Regierung, die Jungen vom Militärdienst zu befreien und bei erfolgreichem Abschluss der Lehre jedem 200 Rubel zu zahlen. Außerdem schlug er vor, auch Mädchen zu nehmen, die bei seiner Frau Hauswirtschaft lernen würden und auch für sie erwartete er eine Belohnung von 200 Rubel. Er war bereit gleich zu beginn 16 Lehrlinge im Alter von 15-17 Jahren aus russischen und nogaischen Familien zu nehmen und seine Frau 4 Mädchen.[128]

Am 19. Juli 1840 ernannte das Ministerium für Reichsdomänen Baron von Rosen[129] als Kontaktperson zu Cornies und seinem Lehrlingsprogramm. Die Ausbildung konnte beginnen. 1840 kamen dann die ersten drei Jungen und zwei Mädchen in die Lehre. Ein Jahr später waren es weitere vier Jungen und zwei Mädchen. Bis zum Herbst 1843 erreichte Cornies die versprochene Zahl von 16 Jungen und vier Mädchen. Aber es kamen immer mehr. Jetzt dehnte Cornies das Programm auf andere Musterbauern der Kolonie aus.

Cornies war der erste unter den Kolonisten der solche Lehrlinge auf seinem Gut beschäftigte. Dabei hatte er außer für gute Arbeitsbeschäftigung nur für Kost, Unterbringung und Bekleidung der Lehrlinge zu sorgen. Der Staat zahlte den Jugendlichen mehr als Cornies verlangte, 50 Rubel im Jahr und am Ende der Lehrzeit noch einmal 300 Rubel und befreite die Jungen vom Militärdienst. Was vor allem für die Kinder aus den Häusern der russischen Sekten der Molokanen und Duchoborzen von großem Interesse war. David Epp schreibt über die Lehrlinge auf dem Gut von Cornies: „Bald war der Zufluß der Kronburschen so groß, dass Cornies sie nicht mehr alle bei sich unterbringen und erfolgreich beschäftigen konnte.“[130]

Offensichtlich hatte sich in den russischen Dörfern die Nachricht über die guten Lernbedingungen bei diesem deutschen Gutsbesitzer weit verbreitet. Von einem ausbeuterischen Betrieb, wie P. Klassen in seiner polemischen

---

[127] Epp 1946:80-82.

[128] Ebd.

[129] Es ist bemerkenswert, dass ausgerechnet von Rosen, der Gouverneur im Kaukasus mit der Betreuung beauftragt wurde. Rosen zeichnete verantwortlich für die Ausweisung der evangelischen Missionare aus Russland, allem voran der Basler Mission (Pagel 1990:7-35). Wollte die Regierung damit sicher stellen, dass Cornies die Kronsburschen nicht evangelisierte?

[130] Epp 124.

Schrift gegen die Mennoniten Juschanlee und Cornies darstellt,[131] kann keine Rede sein. Warum sollten die Jugendlichen denn in so großen Massen zu ihm gekommen sein, wenn sie da nichts außer Ausbeutung zu erwarten hatten und warum hätte wohl die Regierung ein solches Projekt über Jahre unterstützt, wenn ihre Bauern derentwillen sie diese Kolonien überhaupt erst eingerichtet haben, nichts von dem Drill Cornies gehabt hätten? Nein, so wird es kaum gewesen sein. Vielmehr wird Cornies die russischen Jugendlichen wie die deutschen Knechte behandelt haben. Und diese wurden zwar hart angepackt, aber nicht um ausgebeutet, sondern um zu besseren Arbeitern und eigenständigen Landwirten erzogen zu werden.

Die russische Regierung erließ diesen „Kronsburschen" die Militärzeit und investierte große Summen Geld in ihre Ausbildung, damit sie sich auf das Lernen konzentrieren konnten. Die deutschen Landwirte waren erfolgreich. Nichts wünschte man der einheimischen Landwirtschaft mehr als ein ähnliches Vorankommen. Aber russische Bauern sperrten sich oft gegen die deutschen „Neuerungen". Die Disziplin mit der die Deutschen ans Werk gingen, war ihnen fremd. Ja sie hielten den Eifer mit dem die Deutschen ihre Landwirtschaft betrieben für einen „preußischen Drill" und Cornies galt gar als „der Drillmeister" der Deutschen. Unfähig die Eltern umzustimmen, setzte nun die Regierung auf die Kinder, die als „Kronsburschen" zu den Mennoniten entsandt wurden. Leider fruchtete das Programm nur wenig. Trotzdem setzte die russische Regierung weiterhin auf dieses Prinzip und entsandte immer mehr russische Burschen in die deutschen Dörfer, damit sie von den deutschen Bauern Nützliches lernen konnten. Unter anderem hatte dies zur Folge, dass russische Bauern, die bisher den Kartoffelanbau verschmäht hatten, mit deren Anpflanzung begannen.

Auch nach dem Tod Cornies' führte sein Nachfolger und Schwiegersohn Philipp Wiebe das Programm weiter. So erhielten viele einheimischen Jugendlichen eine hervorragende Ausbildung bei den deutschen Bauern. Leider gelang die Integration dieser Fachwirte in die Dorfgemeinschaften, aus denen sie kamen nicht. Zu groß war der Widerstand der einheimischen Landwirte gegen die „deutschen Neuerungen".

Die Regierung sah sich schließlich gezwungen, die Absolventen in neue Dorfgründungen anzusiedeln. Zwei dieser Dörfer sind bekannt: Novo-Pavlovka im Kreis Melitopol und das nach Philipp Wiebe benanntes Dorf Novo-Philippowka im Kreis Bedrjansk.[132] Diese neue Ansiedlungen zeichneten

[131] Klassen 1989:25.

[132] Ebd:83.

sich, ähnlich wie die mennonitischen, durch einen beachtlichen Erfolg aus. Das Ausbildungsprogramm hatte sich also gelohnt.

Nach dem Tod Philipp Wiebes wurde das Programm allerdings eingestellt, wohl auch, weil sich wenige mennonitische Landwirte fanden, die bereit wären, solche Lehrlingen zu nehmen. Aber mit dem Ende des Programms, riss der Strom der russischen Lehrlinge und Knechte in den Kolonien nicht ab. Jetzt kamen die Russen auch ohne der offiziellen Unterstützung der Regierung. Sie arbeiteten auf den Höfen der Mennoniten, nahmen an deren Leben teil und erlebten auch ihren Glauben hautnah. In den Jahren der Lehre lernten sie Deutsch und verstanden zunehmend die Welt dieser Deutschen und ihren Glauben. Die ersten Anfänge des aufkeimenden russischen ‚Stundismus'[133] waren gelegt. Nur wenige Jahre später, wurden die ersten Russen in den mennonitischen Dörfern getauft und der ostslawische Protestantismus nahm seinen Lauf.

6. Russische Sekten als Nährboden der aufkommenden Freikirchen

Einen bemerkenswerten Einfluss übten Cornies und die Mennoniten auf die russisch-orthodoxen Sekten der Molokanen und Duchoborzen aus, jene Kreise, aus denen später sowohl die Evangeliums-Christen Baptisten als auch die slawischen Pfingstgemeinden ihre Anhänger rekrutierten.[134] Es wäre sicher falsch in Cornies und seinem Einfluss die entscheidende Quelle der Transformation dieser Sekten zum ostslawischen Protestantismus zu vermuten; eine der möglichen und in großen Zügen übersehenen Quellen, stellt diese Geschichte jedoch dar.

Beide Sekten wiesen bemerkenswerte Parallelen zu den Täufern auf. Auch sie entstanden als Protestbewegungen in der Staatskirche auf der Suche nach einem persönlichen Glauben und aus der Sehnsucht nach der wahren Kirche, wie sie im Urchristentum existierte. Auch sie hielten sich in ihren Glaubensvorstellungen allein an die Bibel. Auch sie lehnten das kirchliche Amt des Priesters ab, bildeten feste Gemeinden und kannten kommunales Leben. Auch sie verweigerten die Waffe und einen ausschweifenden Lebensstil. Die Molokanen, die als jüngere der beiden Bewegungen aus den Duchoborzen entstand, führen sogar ihren Namen auf ihre Abneigung zum Alkohol zurück.

---

133 Abgeleitet vom deutschen Wort Stunde. Gemeint war die pietistische Gebets-, und Bibelbetrachtungsstunde, die von den zum Glauben gekommenen Russen kopiert wurde und nach der man sie dann als Stunda, Stundisten beschimpfte. Siehe mehr unter https://ru.wikipedia.org/wiki/Штунда (15.01.2013).

134 Siehe in dieser Hinsicht: Reimer 2013.

Molokanen heißt übersetzt Milchtrinker und stellt einen Schimpfnamen ihrer Gegner dar. Sie selbst nannten sich „Geistliche Christen“. Sie entwickelten sich in der Mitte des 18. Jahrhunderts in Zentralrussland und wurden dann zu Beginn des 19. Jahrhunderts nach Neurussland umgesiedelt.[135]

Vertreter der Molokanen und Duchoborzen, begannen sich ab 1802 an den Ufern der Molotschna anzusiedeln.[136] Und gerieten so in den unmittelbaren Kontakt zu den Mennoniten. Sie waren wohl auch die ersten die ihre Kinder, Mädchen wie Jungen, zu Cornies auf sein Gut in die Lehre schickten. Und anders als die Kinder aus anderen russischen Dörfern, übernahmen diese viele Neuerungen der Deutschen. So erlebten ihre Gemeinden nach 1820 ihre größte Blüte.

Und auch hier hatte Cornies eine nicht zu geringe Rolle gespielt. Die russischen Bauern kamen aus Zentralrussland. Da war das Land nicht nur fruchtbar und leicht zu bearbeiten, sondern die Wetterverhältnisse ideal für Ackerbau. Ähnlich wie die deutschen Landwirte, versuchten sie zunächst ihre alten und bekannten Methoden und ähnlich wie die Mennoniten, erlebten sie ihre Enttäuschungen. Der überraschende Aufstieg der Deutschen weckte ihre Neugierde. Und schon bald war Johann Cornies ein gefragter Mann in den Dörfern der Russen.

7. Warum nicht auch Muslime

In den Steppen Tauriens lebten nach Schätzungen von Baron Haxthausen aus dem Jahr 1843 etwa 50.000 tatarische Nogaier.[137] Cornies lernte sie noch als junger Händler kennen. Und auch im Haus seines Vaters gingen sie ein und aus. Dessen Heilkünste wurden gerade unter den Nomaden sehr geschätzt. Später stieß er mit den Nomaden immer wieder auf seinem von der Krone gepachteten Land zusammen. Diese Menschen faszinierten ihn. Von ihnen hatte er seine ersten Schafe erworben und diese robusten Tiere dann mit den spanischen Merinos veredelt.

Die Nogaier waren arm und weitgehend ungeschult. Nur wenige ihrer Geistlichen beherrschten die Schrift. Als Muslime waren sie dem russischen Staat verständlicherweise ein besonderes Anliegen. Noch vor wenigen Jahren unter der osmanischen Herrschaft und mit guten Beziehungen zu den Türken, stellten sie ein aufrührerisches Potenzial dar. Der Gouverneur von Neurussland Fürst Woronzow, der als General der russischen Armee die Gefahr muslimi-

---

135 http://universal lexikon.deacademic.com/274344/Molokanen (15.1.2013).

136 Bondar 1916:27.

137 Matthäi 1865:87.

scher Aufstände am besten einzuschätzen wusste, suchte nach Wegen, die Nogaier auf Dauer zu befrieden. Am besten wäre, wenn man diese Nomaden sesshaft machen und von ihrem islamischen Glauben zum Christentum konvertieren würde. Die russische Bibelgesellschaft hat sich unter anderem auch mit der Übersetzung der Bibel in die Sprache der Nogaier beschäftigt. Jedenfalls arbeitete die Regierung an einem Plan zur Entwicklung der Nogaier. Und Woronzow, Freund und Förderer Cornies, lud diesen ein mitzuhelfen. Dieser sagte zu und befand sich bald mitten in einem faszinierenden Projekt der Zivilisierung von Nomaden.

Im Jahr 1824 bereiste Cornies die nogaischen Dörfer und inspizierte im Auftrag der Regierung deren Viehbestand.[138] Auch die Nogaier sollten, ähnlich wie Cornies und seine Mennoniten, in ihrem Bemühen um Wohlstand Hilfe erfahren. Wer sonst wenn nicht der beste Schafzüchter des Landes würde ihnen helfen können? Cornies sah sich die Schafherden an, sprach mit den Dorf-, und Klanältesten, berichtete ihnen immer wieder von seiner Schafzucht und schlug vor, auch die nogaischen Bestände mit Merinoschafen anzureichern und so den Ertrag an Wolle zu steigern. Aber die Nomaden trauten dem Mann nicht ganz. War es nicht er, der ihnen Schritt für Schritt ihr Weideland genommen hatte? Mussten sie ihm nicht immer wieder Strafe zahlen, weil wieder einmal ihre Herden auf sein Pachtland getrieben hatten? Wollten sie ihn nicht einmal umbringen? Wie sollte man ihm jetzt trauen? Und dann waren da noch angebliche Aussagen im Koran, die gegen eine Tierzucht als Eingriff in Gottes Souveränität zu sprechen schienen. Der Versuch auch die Nogaier zur Umstellung auf eine produktivere Rasse zu bewegen, schien zu scheitern.

Aber Cornies wäre nicht er selber, wenn er es dabei bewenden ließe. Nur neun Jahre später ereilte die Steppen eine nie dagewesene Missernte. Die Steppe brannte regelrecht aus. Mensch und Vieh blieben ohne Nahrung. Auch den Nogaiern und vor allem ihnen, ging es schlecht. Hier setzte nun Cornies erneut an. Er bot den Nogaiern großzügige Hilfe an. Dieses Mal hatte er sich auch religiös gut vorbereitet, einen Koran in Übersetzung gekauft und kam nun auch mit religiösen Argumenten gegen die Bedenken der muslimischen Nogaier gut an. Mit dem Koran in der Hand bewies er den Geistlichen der Nogaier, dass nur das edelste Schaf ein gutes Opfer für Allah sei.[139] Cornies Argumente überzeugten. Und in den neun Jahren, die seit seinem ersten Besuch vergangen waren, hatte er sie immer sehr freundschaftlich und wohlwollend behandelt und sich auch immer wieder bei der Regierung für sie eingesetzt. Zögernd willigten die Nomaden ein. Und dann bot er ihnen an, seine

[138] Gavel 1848:13.

[139] Gavel 1848:15.

eigenen Merinoherden vier Jahre lang in ihren Herden zu weiden. Die Hälfte des so entstandenen Bestandes, durften sie für sich behalten. Und es kostete sie nichts. Kritiker lachten Cornies aus. Ausgerechnet diese Nogaier würden ihm seine Schafe zurückgeben. Waren sie nicht die Diebe der Steppe? Kein Deutscher und kein Russe traute ihnen. Und auch der landwirtschaftliche Verein der Mennoniten war nicht bereit, Gemeinschaftsherden der Mennoniten in den Bestand der Nogaier abzugeben. Aber Cornies zweifelte keinen Moment. Seine eigenen Herden würde er zur Verfügung stellen. Und so tat er es auch.

In den vier Jahren mischten sich die nogaischen Herden mit den Merinos und der Prozess der Veredelung ihrer Herden begann. So führten auch Nogaier seine Schafrasse ein. Schon bald ging es vielen von ihnen wirtschaftlich besser. Ihre Wolle verkaufte sich genau so gut wie von den anderen Siedlern Tauriens. Der kluge Deutsche hatte sie konkurrenzfähig gemacht. Und sie gaben Cornies vertragsgetreu den Teil der Schafe zurück, den er von ihnen am Anfang gefordert hatte. Nichts anderes hätte er von ihnen erwartet. In der Ehrenkultur dieses Volkes würde kein Ältester des Volkes sein Wort brechen. Eher wäre man selbst ohne allem geblieben. Aber das Experiment gelang. Vielleicht auch weil Gott seine Hand über die Herden der Nogaier hielt. Die Nomaden selbst waren jedenfalls zutiefst davon überzeugt. Und mit dem Erfolg erblickten sie in Cornies einen Mann Gottes. Wer sonst hätte ihnen wohl einen solchen Wohltäter gesandt, wenn nicht Allah selbst?

Doch die Schafzucht der Nogaier zu verbessern war nur ein Teil der Erneuerungspläne für diese Nomaden. Es war ihr unstetes Leben, das letztlich für die Qualität des Lebens verantwortlich war. Man musste die Nomaden sesshaft machen. Cornies besuchte die Klanführer immer wieder. Ihm verdankten sie ihre verbesserte Lebenslage. Ihm begannen sie zu vertrauen. In ihm sahen sie einen Wohltäter Allahs. Jetzt sprach er sie auf Häuser und Dörfer an und bot sich ihnen als Berater in Sachen Koloniegründung an. Und was niemand für möglich gehalten hat, gelang – die Nogaier gründeten ihre erste Kolonie und setzten sich in Dörfern nieder.[140] Cornies und sein landwirtschaftlicher Verein standen ihnen mit Rat und Tat bei. Mit größter Hingabe halfen willige Mennoniten den Nomaden, ihre ersten Häuser zu bauen. Und ihre Dörfer sahen wie Kopien von Ohrloff aus. Mattäi schreibt: „Die tatarischen Kolonien Akkermann und Aknokas haben bei ihrer Anlage entschieden die Mennonitenkolonien vor Augen gehabt und ihr Gedeihen ist der fortwährenden Beaufsichtigung seitens der Mennoniten zu verdanken."[141] Auch Harthausen berichtet anschaulich über den Erfolg dieses Programms:

[140] Gavel 1848:15.

[141] Matthäi 1865:208.

> „Am andern Tage, den 25. Juli, fuhr ich mit Herrn Kornies nach einem benachbarten nogaischen Tatarendorfe Akeima. Ich war nicht wenig verwundert, äußerlich ein vollständig deutsches Dorf nach mennonitischem Muster zu erblicken! – Herr Kornies hatte die Tataren angeleitet, ihre Dörfer auf diese Weise anzulegen, und hatte ihnen auf alle Art dabei geholfen. Es waren jetzt schon eine große Anzahl Dörfer nach seiner Anleitung von den Tataren gebauet worden. Andere Leute, nicht er selbst, sagten mir, er habe bereits 17,000 Tataren auf diese Weise angesiedelt. Wir fanden eben in diesem Dorfe wieder eine Deputation von einem noch nicht ansässigen Hausen Tataren, welche zu ihm traten und ihm sagten: „Du bist der Vater unseres Volkes, sei nun auch unser Vater und hilf uns, wie du den andern geholfen hast!“ Die Häuser dieses Dorfs waren alle ganz regelmäßig und fest gebauet, sie hatten Schornsteine, lagen in einem geschlossenen Hofe, vor der Hausthür standen meist ein paar Pappeln, und rechts und links kleine Blumenbeete, in den Garten fanden wir eine Menge veredelte Obstbäume, im Hofe waren Pflüge, Eggen, Wagen nach mennonitischer Art, in einer Ecke des selben war ein großer Haufen von Mistziegeln als Brennmaterial sehr ordentlich aufgeschichtet.[142]

Wie sehr sich die Nogaier an den mennonitischen Vorbildern orientierten, zeigt auch der Eindruck des Reisenden aus Deutschland von der inneren Einrichtung des Hauses. Harthausen berichtet:

> „Der Wirth des Gehöfts, ein schöner kräftiger Tatar, Vorsteher des Dorfs, empfing Herrn Kornies freundlich und ehrfurchtsvoll, und geleitete uns ins Haus. Die Einrichtung war ebenfalls nach dem Muster der Mennoniten, die Ausstattung der Küche und Wohnstube an Geschirr und Hausgeräth zwar nicht reichlich und altväterlich, wie bei den Mennoniten, aber doch auch nicht ganz ärmlich, es waren Tische und Stühle vorhanden, Kessel und Eimer, und sogar eine Eierkuchenpfanne! Da ich den Wunsch äußerte, die Weiber in ihrer Tracht zu sehen, so willfahrte unser Wirth auch diesem, einem Muselmanne gegenüber, eigentlich ganz ungebührlichen Verlangen. Er ging hinaus und kam nach einer Viertelstunde mit seinen drei auf das beste geputzten Weibern herein. Nur der Mund war wie bei allen muhomedanischen Weibern streng verhüllt. Sie waren jung, aber klein, dick, und nicht schön.“[143]

Ließt man diese Zeilen, so kann man nicht anders als zu staunen. Was kostet es alles, Nomaden sesshaft zu machen? Und dann so? Hier schien ein Wunder passiert zu sein. Eine Gebetserhörung. Und gebetet hat Cornies für diese

---

[142] Harthausen 1847:182.

[143] Ebd:183.

Menschen täglich. Seit der Einrichtung der Missionsgebetstunden in Ohrloff durch Tobias Voth, wurde auch für die Nogaier gebetet. Und der erste Schritt war nun erfolgreich vollzogen. Die Nogaier vertrauten den Mennoniten. Sie hatten ihre Güte und Zuneigung, ihre Hilfe und Unterstützung auf breiter Ebene erlebt. Und so folgten sie ihrem Vorbild. Nein, sie konvertierten nicht zum Glauben der Mennoniten. Noch nicht. Aber sie nahmen sie und ihren Glauben ernst!

Die Bemühungen um die Nogaier blieben der Regierung nicht verborgen. Der Leiter des Gelehrtenkomitees des Ministeriums für Reichsdomänen Peter I. Koeppen, schrieb in seinem Bericht an die Akademie der Wissenschaften Russlands über Cornies: „Er ist einer der ausgezeichnetsten Landwirte Russlands und hat unendlich viel für die Zivilisation der Nogaier getan."[144]

8. Mission durch Attraktion

Cornies und seine Mennoniten haben nicht evangelisiert. Wenigstens ist nichts davon überliefert. Sie lebten ihren Glauben vor. Sie setzten ihren Glauben praktisch um und Menschen unterschiedlichster Herkunft folgten ihrem Beispiel, kopierten ihren Lebensstil, ihre Werte und Systeme. Man bewunderte sie. Jahre später wird diese Art von Mission durch Vorleben und Zeugnis im Alltag auch evangelistische Früchte tragen. Cornies wird da nicht mehr am Leben sein. Er hatte seinen Lauf als praktischer Missionar der Wohltat vollendet. Seine Kolonie sollte zum Leuchtturm des Glaubens, zu einem erfolgreichen Projekt werden und sie wurde es. Menschen sollten hier lernen, eine bessere Zukunft aufzubauen und sie haben gelernt. Sogar solche, wie das Beispiel der Nogaier zeigt, von denen niemand erwarten konnte, dass sie in einer Generation solche gewaltigen Schritte in die Moderne machen könnten. Und das trotz eines rückständigen Glaubens, der Fortschritt auf Schritt und Tritt ausbremste. „Wahres Leben und wahre Liebe bewirken wahre Wunder, wenn man nur fleißig bei der Sache bleibt", würde Cornies vermutlich gesagt haben.

---

[144] „Kurze Übersicht der in den Jahren 1842-1844 an der Nordseite des Asow'schen Meeres geöffneten Tumuli" von P. Koeppen. Die Kopie dieses Berichtes kann im Museum der Stadt Melitopol eingesehen werden. Siehe auch: Brons 287.

Kapitel 5

Landwirt und Wissenschaftler

1. Ein Mennonit wird Akademiker

Johann Cornies war ein selbstgemachter Mann. Und er verdankte seinen wirtschaftlichen und gesellschaftlichen Erfolg seinem ständigen Wissensdurst. Er, der nie eine Schule absolvierte, hörte nicht auf zu lernen. Er las viel und nutzte jede Gelegenheit, sich fortzubilden. Die in Leipzig beim Buchhändler Barth bestellte Liste von Büchern zeugt von der Weite seiner Interessen. Dazu gehören Bücher zur Völkerkunde, Geschichte, Geographie, Sprache und Grammatik, Geometrie und Naturgeschichte. Und natürlich geht es dabei immer wieder um das Land in dem er lebt: Russland.[145] Bücher und Zeitschriften zu landwirtschaftlichen Themen füllten seine Buchregale. Er bezog entsprechende Veröffentlichung aus St. Petersburg, Deutschland und Österreich.[146] Er las viel, verglich seine Entdeckungen mit seinen eigenen Erfahrungen und stellte Theorien anderer auf die Probe. So wuchs sein Wissen und Können. Entsprechend waren die Erfolge. Und je mehr es dem Mann gelang Ideen praktisch umzusetzen, desto deutlicher wurde sein Forscherdrang. Der einfache Bauer, der Autodidakt Cornies entwickelte sich zum Wissenschaftler. Jahr um Jahr ging er seine Experimente gezielter und systematischer an. Umgesetzt wurden jetzt nur die bis auf den letzten Punkt durchdachten Theorien. Und wie jeder andere Wissenschaftler auch, schrieb Cornies seine Experimente und Beobachtungen nieder, besprach sie mit seinen gebildeten Besuchern und ließ sich somit auf deren Kritik ein. Es ist nicht bekannt bei wem er dieses Vorgehen gelernt hat. Zur Schule ist er jedenfalls nicht gegangen. Wahrscheinlich bestellte er sich Lehrbücher und eignete es sich wie alles andere in seinem Leben auch selbst an.

Schon bald wurden nicht nur seine Viehzucht und sein Organisationstalent gerühmt. Auf seine Arbeit werden russische Gelehrte im Gelehrtenkomitee des Ministeriums für Reichsdomänen aufmerksam. Eine Korrespondenz mit dem führenden Gelehrten des Komitees, Akademiemitglied und Geographen Petr I. von Koeppen (1793-1864) folgte. Man staunt, wenn man sich diese Korrespondenz genauer ansieht, an welchen Themen der einfache Mann Cornies gearbeitet hat.

Im Jahr 1836 reichte Cornies dem Komitee seine erste Forschungsarbeit ein – einen Bericht über das Leben, Sitten und Gebräuche der Duchoborzen in der Region.[147] Nichts Vergleichbares lag bis dahin vor. Russische Sekten waren für den russischen Staat nur schwer zugänglich. Sie hatten sich in der Regel

---

[145] Epp 1998:64.

[146] Ebd.

[147] Duchoborzen. Bericht an den Akademiker Koeppen, im Archiv der Akademie der Wissenschaften in St. Petersburg. Fond 30, Opis 1/Nr. 244.

aus der offiziellen Russisch-Orthodoxen Staatskirche herausgelöst und wurden von dieser verfolgt. Entsprechend groß war ihre Skepsis gegenüber dem mit Kirche liiertem Staat. Cornies war in den Augen der Duchoborzen ähnlich wie sie selbst, ein Außenseiter. Sie kannten ihn und seine erfolgreiche Wirtschaft. Ihm vertrauten sie sich an. Sein Bericht muss die Mitglieder des Komitees wohl sehr beeindruckt haben. Seine Beobachtungen wurden publiziert und dem breiten interessierten Publikum zur Verfügung gestellt. Der Name Cornies leuchtete nun auch in gelehrten Kreisen Russlands auf, freilich ohne, dass sich der Mann selbst darauf etwas einbildete.

Im Jahr 1837 ernannte das Ministerium für Reichsdomänen Cornies zum korrespondierenden Mitglied des Gelehrtenkomitees, was nach Meinung mancher Beobachter einer Berufung an die Akademie der Wissenschaften gleichkam. Schon am 4. Dezember desselben Jahres sandte er dem Komitee seinen zweiten Forschungsbericht mit der Überschrift: „Über die Anpflanzungen verschiedener Baumarten, die sich gegenwärtig in dem Obstgarten und der Waldanlage auf dem Gut Juschanlee befinden …“[148] Es war eine sehr genau und akribisch geschriebene Arbeit. Cornies dokumentierte darin seine jahrelang durchgeführten Experimente in der Aufforstung der taurischen Steppe. Der Beitrag war von unschätzbarem Wert für die zukünftige Kultivierung der schier grenzenlosen Steppenlandschaften Russlands. Auch dieser Bericht wurde mit großer Begeisterung von der gelehrten Welt Russlands aufgenommen.

Einen dritten Beitrag reichte Cornies im gleichen Jahr 1837 über Brunnen und Wasserqualität im Kreis Melitopol ein. Auch dieser Bericht entsprach den allerhöchsten Anforderungen und wurde zur Vorlage für die Wasserversorgungswirtschaft der Behörden. Drei Jahre später beauftragt das Gelehrtenkomitee Cornies erneut damit, die Brunnen im Kreis Melitopol nach dem Erdbeben 1838 zu überprüfen. Der ganze Bericht wurde 1842 Akademiemitglied Koeppen zugeteilt und von Baer und Helmer in den Gelehrtenbeiträgen der Akademie der Wissenschaften veröffentlicht.[149]

2. Von der Landwirtschaft zur Archäologie

Johann Cornies wissenschaftliche Neugierde bezog sich nicht nur auf praktische Lebenszusammenhänge. Ja, er suchte landwirtschaftlichen Erfolg und so entstanden seine Experimente in der Viehzucht, Ackerbau, Forst-, und Was-

---

[148] Der Bericht befindet sich im Archiv der Akademie der Wissenschaften in St. Petersburg. Fond 30, Opis 1/Nr. 226. In Deutsch, siehe Epp 1998:66.

[149] Bericht „Über die Brunnen in den deutschen Ansiedlungen des Melitopolschen Kreises des Taurischen Gouvernements“, im Archiv der Akademie der Wissenschaften, St. Petersburg. Fond 30, Opis 1/Nr. 348.

serwirtschaft. Ja, er war an erster Stelle Landwirt, der aber nach guter Nachbarschaft mit Jedermann trachtete. Und ja, er hatte das Herz eines Wohltäters, das keinen Unterschied zwischen den Menschen zu machen vermochte. Und wenn er helfen sollte, dann musste er die Verhältnisse, in denen er zu agieren hatte, verstehen. So setzte er sich für die Duchoborzen ein und beschäftigte sich selbstverständlich mit ihrem Leben, Sitten und Gebräuchen, ihrer Kultur und Glauben. Aus dieser Arbeit entstanden dann auch ein Bericht an das Gelehrtenkomitee. Cornies war aufgefallen, wie wenig man im russischen Reich sonst über diese orthodoxe Bewegung wusste. Und wo dieser Mann Mangel erblickte, da ruhte sein Geist nicht eher bis eine Lösung gefunden wurde.

Und ja, er suchte nach Wegen den Nogaiern zu helfen, ihr Leben zu verbessern und deshalb studierte er ihre Kultur, Sitten und Gebräuche und sogar ihre Religion. Nur seiner Kenntnis des Korans war schließlich das Gelingen der Veredelung der nogaischen Schafherden zu verdanken. Und was immer er erforschte, schrieb Cornies nieder und suchte es weiterzugeben. Seine Bemühungen sollten anderen dienen. Darin sah er seine Lebensmission.

Aber Cornies blieb nicht nur bei Themen, die seinen Alltag unmittelbar angingen. Eine völlig andere wissenschaftliche Betätigung stellen die ersten archäologischen Ausgrabungen, die Cornies im Jahr 1839 begann, dar. Seitdem er hier an der Molotschna wohnte, faszinierten ihn diese magisch anmutenden Hügel, die die Einheimischen Kurganen nannten und die nach den Erzählungen der Nogaier berühmten Fürsten der Antike die letzte Ruhe böten. Grabhügel sollten es sein.[150] Historisch war Cornies schon immer interessiert. Die Liste der von ihm in Leipzig bestellten Bücher, schließt eine Reihe Werke zur Geschichte Russlands ein. Je älter Cornies wurde, desto größer wurde wohl das Interesse für den Inhalt der Kurganen. Was verbargen diese geheimnisvollen Hügel vor seinen Augen? Was hatte man den Männern und Frauen, die hier ruhten, ins Grab gelegt? Wie war die Kultur dieser Völker? Vielleicht hatte er sich über diese und ähnliche Fragen mit dem Geographen Peter von Koeppen unterhalten? Und möglicherweise habe von Koeppen ihm gesagt, dass eine wissenschaftliche Expedition zu den Kurganen von Taurien unbedingt von Nöten sei. Doch die Akademie der Wissenschaften war anderweitig beschäftigt.

Schließlich beschloss Cornies auf eigene Faust Ausgrabungen vorzunehmen. Mit Bedacht und viel Umsicht ging er an die Arbeit. Bald war er im Stande bereits seine ersten Ergebnisse dem Gelehrtenkomitee zu präsentieren. Sein Freund und Förderer im Gelehrtenkomitee Peter I. Koeppen ermutigte Cor-

[150] Kurgan. Das Wort kommt aus dem Türkischen und steht für einen Hügel. Zu den Kurganen im Dnepr Becken siehe: Häusler 1974.

nies mit den Worten: „Wir haben eben daran gedacht, wie es zu machen wäre, und Sie schicken uns schon Resultate“.[151]

Im Jahr 1839 gründete das Ministerium für Reichsdomänen in Odessa „Die Odessauer Gesellschaft für Geschichte und Altertümer“, der man die Verantwortung für archäologische Ausgrabungen im Gebiet übertrug, die dann die Aufsicht über die Ausgrabungen an der Molotschna Cornies abgab. Die Kaiserliche Akademie der Wissenschaften stellte Geld für die Ausgrabungen zur Verfügung.[152] Zwischen 1839 und 1847, einem Jahr vor seinem Tod, wurden so 13 Kurganen im Gebiet Melitopol im Auftrag der Kaiserlichen Akademie der Wissenschaften ausgegraben. Sein Biograph Epp berichtet:

> „So 1839 bei Lichtfelde einen Hügel, 1842 an verschiedenen Orten ihrer fünf. Weitere Ausgrabungen erfolgten 1844 und 1847. Jedes mal wurde eine sehr detaillierte Aufnahme des Durchschnitts, der Lage des Grabes usw. zu Papier gebracht, mit Hinzufügung einer genauen Beschreibung alles dessen, was in dem Grabe vorgefunden worden. Das also gewonnene wissenschaftliche Material, die vorgefundenen Gegenstände natürlich mit eingeschlossen, wanderten dann nach St. Petersburg, während Kopien der Zeichnungen und Beschreibungen im Archiv des Vereins zurückbehalten wurden.“[153]

Auch hier blieb die Akademie mit der Arbeit Cornies überaus zufrieden.[154] In seinem Bericht an die Akademie der Wissenschaften schreibt Koeppen:

> „Vor mehr denn sechs Jahren genehmigte die Akademie meinen Vorschlag, dem allgemein geachteten Mennoniten Johann Cornies (1) eine Summe, zur Fortsetzung der von ihm begonnenen Untersuchung der Tumuli an der Nordseite des Asow'schen Meeres, zukommen zu lassen. Schon habe ich am 2. August 1839 über die ersten, von Herrn Cornies für eigene Rechnung unternommenen Arbeiten dieser Art berichtet (2). Im Januar 1843 erhielt ich die ausführlichen Beschreibungen von sechs verschiedenen Nachgrabungen, die im vorhergehenden Jahre (1842) in Hügeln gemacht wurden , welche sich im Melitopol'schen Kreise des Taurischen Gouvernements, zur Rechten der Molotschnaja, befanden; im November 1843 wurden mir die Berichte über noch fünf andere, zur Linken des genannten Flusses geöffneten Gräber zugesandt, und im August dieses Jahres (1844-) langten die Mitteilungen über noch zwei, im Auftrage der Akademie, gemachte Nachgrabungen hier an. Herr Cornies hat das ihm von der Akademie geschenkte Zutrauen vollkommen gerechtfertigt, und

[151] Epp 1946:85.

[152] Schevchuk 2008.

[153] Epp 1946:85.

[154] Epp 1946:85; Epp 1998:67.

die vorliegenden Berichte sind der Art, dass sie unsere Kenntnis von den künstlichen Hügeln an den Nordgestaden des Asow'schen Meeres bedeutend erweitern. Ja sie gestatten uns endlich an eine Klassification der Steppenhügel des europäischen Russlands zu denken. Man findet nämlich daselbst:

1. Künstliche Höhen, die keine Grabhügel sind.
2. Hügel mit Pferdeopfern über dem Grabe.
3. Gewöhnliche Grabhügel.
4. Murmelthier-Haufen.

Da Herr von Baer sich bereit erklärt, die Gornies'schen Berichte in *extenso* in die von ihm, gemeinschaftlich mit Herrn v. Helmersen, herausgegebenen „Beiträge zur Kenntnis des Russischen Reiches“ aufzunehmen, so begnüge ich mich damit, hier nur eine tabellarische Übersicht der in den letzten drei Jahren (1842-1844) geöffneten dreizehn Hügel zu geben.“[155]

Koeppen hängte ein von Cornies erstelltes detailliertes Verzeichnis der Funde bei. Die Verzeichnisse zeugen von größter Vorsicht und Genauigkeit, mit der unter der Leitung von Cornies gearbeitet wurde. Eines dieser Verzeichnisse soll weiter unten als Beispiel angeführt werden.

Nummer und Zeit der Ausgrabung	Ortsbestimmungen	Durchmesser am Erdboden in Rheinland. Masse. *)	Höhe über der Erde	Inhalt der Hügel etc.
Nr. 1 1-12.09. 1842	*Zur Rechten von der Molotschnaja.* 8 Werst von Melitopol auf dem Tatschtenak'schen Lande. Ein Grabhügel erster Größe in jener Gegend.	162 Fuss.	15 Fuss.	Ein eherner Krug neben einer Leiche aus neuerer Zeit; 2 F. 4 Z. unter der Erde. Pferdeknochen, von Füchsen und Wölfen hineingetragen. Sehr alt. Rund herum, 4-5 Fuss tief, schwärzliche Dammerde, von der weder in, noch unter dem Hügel eine Spur vorhanden war.

155 „Kurze Übersicht der in den Jahren 1842-1844 an der Nordseite des Asow'schen Meeres geöffneten Tumuli“ von P.Koeppen, Die Kopie dieses Berichtes kann im Museum der Stadt Melitopol eingesehen werden.

Nummer und Zeit der Ausgrabung	Ortsbestimmungen	Durchmesser am Erdboden in Rheinland. Masse. *)	Höhe über der Erde	Inhalt der Hügel etc.
Nr. 2 17-29.09. 1842	Unfern von der Mündung der Molotschnaja, eine Werst weit vom Liman und 6 Werst vom Dorfe Rodionowka	155 Fuss	8 Fuss	Oben auf der Höhe Kalkschutt, Mergel und kleine Muschelsteine. Darin 8 bearbeitete Sandsteine. Ein Stück von einer steinernen Bildsäule. Die ursprüngliche Höhe war 10½ Fuss über dem Steppenboden,wie aus der unter dem Hügel befindlichen Humus-Schicht zu schließen ist.
Nr. 3 10-22.10. 1842	60 Faden von No. 2 entfernt	140 Fuss	5 1/2 Fuss	Die ursprüngliche Höhe war 7½ Fuss, da auch hier die den Hügel umgebende Humus-Schicht um 2 Fuss höher ist als eine ähnliche Schicht unter dem Hügel. Einige Granitsteine im Innern.
Nr. 4 10-22.10. 1842	80 Sashen rechts von der aus Melitopol nach Perekop führenden Poststraße, 11 Werst von Melitopol (in einer Gruppe von etwa 30 Hügeln, worunter 4 von circa 15 Fuss Höhe).	76 Fuss	5 F. 8 Z.	1½ Fuss von oben ein ganzes Pferdegerippe. Darunter verbrannte Knochen, Pferdezähne, Kohlen und Asche. Noch tiefer ein Grab. Die eingesargte Leiche befand sich über 2 Fuss unter dem Niveau der Erde, in einer Seitenhöhle des Grabes. Irdener Krug, hölzerner Löffel, seidener Goldstoff, Leinwand, kupfernes Armgeschmeide mit Vergoldungen.(Mit 2-5 Zoll breiten Werkzeugen oder Säbeln gegraben). Hieraus der Schädel No.1.

Cornies Arbeit ermöglichte dem Geographen und Historiker eine Reihe von weitgehenden Folgerungen. Koeppen sah sich nun in der Lage die Kurgane im Gebiet Melitopol zu klassifizieren und deren Bedeutung in der Kultur der Ureinwohner besser zu verstehen. Und Cornies gilt heute als der erste Gelehrte Russlands, der mit den Ausgrabungen im Gebiet Melitopol begonnen habe.[156]

[156] Siehe hierzu Schevchuk 2008.

Kapitel 6

Persönlicher Glaube und missionarisches Leben

1. Wer liebt schon einen Drillmeister?

Die mennonitischen Siedler hatten ihre große Mühe mit dem reformversessenen Mann aus ihren Reihen. Was Cornies von ihnen verlangte, das stellte die alten Ordnungen und Lebensweisen auf den Kopf. Ja, Cornies stellte das Leben auf den Kopf. Nichts schien mehr so zu sein wie früher. Seine Neuerungen brachten Wohlstand in die Dörfer, aber auch Unruhe. Und die wenigsten verstanden den gebildeten Mann und seine Ideen gleich. Sie waren es gewohnt mitzureden. Aber Cornies war kein Mann langer Debatten. Was er einmal verstanden und in Pläne gegossen hatte, musste auf Gedeih und Verderb umgesetzt werden. Alles Diskutieren, alles Reden half bei ihm wenig. Wer nicht mitmachte wurde bestraft.

Die Siedler gingen zuweilen zu unvorstellbaren Mitteln über, um den ungeliebten Drillmeister in die Schranken zu verweisen, oder wenigstens etwas zu ängstigen. So klagte man ihn eines Tages öffentlich an, er sei der Anführer einer Pferdediebesbande, die in den Dörfern Pferde stehle, was Cornies großen Erfolg in der Pferdezucht erklären würde. Eine große Unruhe in den Dörfern breitete sich aus. Opfer, denen man ein Pferd gestohlen habe, gingen zum Gestüt Cornies' und suchten in dessen Herde ihren vermissten Hengst ausfindig zu machen. Cornies sah sich schlussendlich sogar gezwungen die Behörden in Berdjansk einzuschalten und die Polizei setzte dann dem Gerücht ein Ende. Sogar einen Anschlag hatten die Siedler auf ihn geplant, indem man ihm eine Wolfsfalle stellte. Nur durch ein Wunder blieb der Mann unversehrt.

Nach seinem Tode verbreitete man das Gerücht, Cornies sei gar nicht des natürlichen Todes, sondern an einem Gift gestorben, das ihn in eine wilde Raserei und Tobsucht versetzt habe, bis er schließlich tot umgefallen sei.

Auch zwischen dem landwirtschaftlichen Verein unter der Leitung von Cornies und den Mennonitengemeinden in der Molotschna entstanden bald erhebliche Spannungen. Die geistliche Leitung der Gemeinden befand, dass man einen sich verfehlenden Bruder erst in der Gemeinde und dann erst vom landwirtschaftlichen Verein bestrafen sollte. Die Praxis von Cornies, wirtschaftliche und soziale Vergehen und Ungehorsam zu bestrafen, ging der Gemeinde zu weit. Die Leiter fürchteten um den Verlust ihrer Macht. Der Konflikt ging so weit, dass der Älteste Jacob Warkentin und sein Oberschulze Johann Klassen nach Odessa zum Präsidenten des Fürsorgekomitees E. von Hahn, einem jungen Deutschen aus St. Petersburg, der gerade erst an die Stelle des ehemaligen Präsidenten General Insow nach Odessa geschickt wurde, reisten. Von Hahn wurde vor seiner Reise von der Großfürstin Helena Pawlowna, die kurz zuvor die süddeutschen Kolonien bereist hatte und auch Cornies und seine Arbeit kennenlernte, instruiert. Dabei empfahl sie dem jungen Beamten auf den Rat von Cornies zu hören. Die beiden molotschnaer Leiter kamen bei von Hahn in Odessa an und beklagten sich über Cornies aufs Bitterste. Cornies entscheide alles im Alleingang. Er würde den Menschen unnötige Lasten auferlegen und eigenmächtig mit dem Geld der Kolonisten umgehen. Sogar den Bau der Ohrloffer Schule und die Unterstützung des Bibeldrucks durch die Britische Bibelgesellschaft in St. Petersburg führte man gegen ihn an. Sie baten den Präsidenten, Cornies aus den Kolonien auszuweisen. Der Präsident hörte sich sehr aufmerksam die Klagen der Männer an und versprach die Sache gerecht zu regeln. Seine Freundlichkeit gab den Männern Anlass anzunehmen, man würde den ungeliebten Cornies nun auf jeden Fall aus der Kolonie vertreiben und nach Sibirien abschieben. Mit dieser Nachricht kamen sie zurück in die Kolonie. In Windeseile war die Nachricht in aller Munde. Der mächtige Leiter des landwirtschaftlichen Vereins stand vor seiner Ausweisung nach Sibirien. Auch Cornies hörte die Nachricht. Aber dieser schlug keine Panik, sondern wartete geduldig auf die Dinge, die da kommen würden. Er kannte den neuen Präsidenten nicht. Aber wie immer war er sich sicher, das Recht war auf seiner Seite und das Herumtreiben der Siedler musste bestraft werden, auch wenn die geistliche Gemeindeleitung in dieser Sache anders dachte.

Hahn kam in die Kolonie, lud Warkentin, Klassen und Cornies vor und nach einer langen Unterredung fällte er sein Urteil. Er befahl Jacob Warkentin als Ältesten der Mennonitengemeinde abzusetzen, die große Gemeinde in drei Kirchensprengel aufzuteilen und jeweils einen neuen Ältesten zu wählen. Johann Cornies aber wurde entgegen aller Erwartungen zum Gesamtverwalter der Kolonie gemacht. Jetzt hatte der ungeliebte Drillmeister noch mehr Macht als je zuvor. Der Aufstand gegen ihn misslang auf ganzer Linie. Noch nie zuvor hatte sich die weltliche Gewalt in die internen Fragen der geistlichen Leitung einer Mennonitengemeinde eingemischt. Cornies hatte wieder einmal die Oberhand behalten. In den Augen der Kirchenfrommen hatte er dagegen wenig gewonnen. Geradezu umgekehrt. Es fällt auf, wie wenig die Gemeindeleitung der Mennonitengemeinde Cornies vertraute. Greve schreibt gar: „Die russlanddeutsche Geistlichkeit indes sah in seiner hohen weltlichen Machtposition eine Bedrohung der eigenen Macht und lebte mit ihm in langjähriger Fehde.“[157]

2. Ein Mann des Glaubens

Woher nahm Johann Cornies seine Kraft? Von seinen eigenen Leuten wurde er gehasst und zuweilen gar bekämpft. Der Dank für den unermüdlichen Einsatz für das Gemeinwesen waren Verleumdungen und Anfeindungen. Wie

[157] Greve 2003.

hält man so etwas durch? Andere hätten sich sicher längst woanders hin begeben. Cornies kam als Sohn armer mennonitischer Eltern nach Russland. In wenigen Jahren seines Lebens wurde er zu einem der reichsten Gutsbesitzer Russlands. Seine Güter umfassten 8.500 Desjatinen Land. Man hat sich immer wieder gefragt, was Cornies getrieben hat, sich für das Wohl seiner Nächsten so einzusetzen wie er es tat. War es bloßer Ehrgeiz? Wohl kaum. Immer wieder schlug er öffentliche Ehrungen, Orden, etc. aus. War es sein Bemühen um die Gunst seiner eigenen Leute, der Mennoniten? Wie sollte er diese bei seinem harten Durchgreifen und der Strenge mit der er seine Reformen unter ihnen durchpeitschte erwarten? David Epp schreibt:

> „Während seiner öffentlichen Tätigkeit dagegen war er mehr gefürchtet als geliebt; das eigentliche tiefere Empfinden seines inneren Menschen offenbarte er nicht vielen. Die meisten seiner Mitbrüder kannten das Endziel seines Strebens nicht, darum verstanden sie ihn nicht. Sie sahen in seinen Anordnungen, die dem Althergebrachten und vor allem der lieb gewonnenen Gemächlichkeit schnurstracks entgegenliefen, die Kaprisen eines launischen Despoten, der die Gewalt in den Händen hat und dieselbe gebraucht, nur um seine Mitmenschen zu quälen, oder um zu zeigen, dass er die Macht besitzt.“[158]

Nein, Cornies hatte unter den Mennoniten sicher mehr Feinde als Freunde. Erst nach seinem Tod und das recht zögerlich hatte man die Bedeutung dieses Steppengiganten erkannt.[159] Was war es dann?

Epp geht davon aus, dass die enorme Geduld und das schier unvorstellbare Durchsetzungsvermögen und der nimmer aufhörende Einsatz Cornies’ für das Gemeinwohl der Menschen aus seinem Glauben zu verstehen ist.[160] Er selbst soll einmal geschrieben haben:

> „Ich verlasse mich auf keinen Menschen und kehre mich auch nicht an die Schmähungen Andersdenkender, sondern auf Gott, meinen Heiland setzte ich mein Vertrauen. Jetzt kann jeder unter uns viel tun, die Zeit ist da, nicht lau, sondern in Gottes Namen frisch ans Werk!“[161]

In diesen Worten hört man jene pietistischen Grundtöne heraus, die Cornies wohl vor allem geprägt haben.[162] Seine Nähe zu Tobias Voth, die Gründung

---

[158] Epp 1946:30-31.

[159] Epp 1946:30.

[160] Epp 1946:34.

[161] Zit. nach Gerlach 1992:30.

[162] Der Vorwurf des Pietismus handelte Cornies immer wieder schwere Konflikte mit den eher konservativ gesonnenen Mennoniten an der Molotschna ein. Sein besonderer Kontrahent, Ältester Jacob Warkentin von der Lichtenauer Gemeinde, sah

der Niederlassung der Bibelgesellschaft und vor allem seine erfrischende Ganzheitlichkeit bei gleichzeitigem Rückzug in einen tiefempfundenen persönlichen Glauben, entsprechen ganz dem Geist des frühen Pietismus. Vieles an seinem Engagement für das Wohl der Menschen erinnert an August Hermann Francke und seine pietistischen Nachfolger. Und diesen Kreisen stand auch Voth nahe. Chi-Won Kang charakterisiert diese Phase in der Geschichte des deutschen Pietismus treffend als eine Zeit die „Frömmigkeit und Gelehrsamkeit" verbindet.[163] Im Jahr 1823 schreibt Cornies an einen Freund:

> „Ich fühle mich gedrungen, so viel es in meinen Kräften liegt zu wirken, weil es noch Tag ist, es kommt gewiß die Nacht, da Niemand mehr wirken kann …"[164]

Deutlich kommt in diesen Worten jene pietistische Sprache zum Tragen, die wir auch bei anderen Pietisten finden, die sich um einen gehorsamen Wandel im Willen Gottes mühen. Noch deutlicher wird das in einem weiteren Brief Cornies', den der Agronom Gavel in seinem Nachwort auf Cornies nach dessen Tod in der Odessauer Zeitung veröffentlicht hat. Im Winter 1824 verloren viele molotschnaer Bauern ihr Vieh. Auch Cornies hatte 800 Schafe und 200 Pferde zu beklagen. An seinen Freund schreibt er:

> „Unter vielen hat der Herr auch mich seine Rute fühlen lassen. Zwar ist mein Vieh nicht aus Hunger gefallen, weshalb ich auch keine innere Unruhe fühle, sondern bloß ernstlich nachsinne, ob ich zur Erhaltung des mir anvertrauten Gutes überall meine Schuldigkeit getan habe, wofür ich seiner Zeit Rechenschaft ablegen muß. Gott gibt nicht immer, was mein Wille, aber gewiß immer, was mein Heil ist, deswegen bin ich von Herzen froh und zufrieden und arbeite aufs Neue um so vorsichtiger zum Lobe Gottes. Mein Bestreben ist nicht so viel darauf gerichtet, meinem Gewerbe nachzugehen, als ich mich viel mehr berufen fühle meinen Mitmenschen nützlich zu werden."[165]

Johann Cornies so scheint es, lebte aus seinem Glauben an Gott, der ihn zu dem berufen hatte, was er mit so viel Hingabe und Kompromisslosigkeit tat. Nichts in seinem Leben wurde als Zufall gewertet, keine Begegnung als beiläufig. Aus diesem persönlichen Verhältnis zu Gott gewann er seine Kraft und Festigkeit.

---

in den 1830-1840er Jahren darin eine gefährliche Individualisierung des Glaubens. Siehe: http://www.mennlex.de/doku.php?id=art:cornies_johann (15.1.2013).

[163] Kang 2001:Titel.

[164] Zit. nach Gavel 1848:9. Digital unter: http://chort.square7.ch/Buch/Walt1.pdf (2.3.2014).

[165] Gavel 1848:9-10.

3. Ein Mann der Mission

Gavel glaubt, dass Cornies in der Verwirklichung einer funktionierenden, ganzheitlich gelebten christlichen Gemeinde seine Mission sah. Er schreibt:

> „In der Heimat unseres Cornies, in Preußen gibt es nirgends Gemeinden, welche allein aus Mennoniten bestehen, sondern sie wohnen einzeln, zerstreut unter anderen Gemeinden. Eine solche mit Vorrechten ausgestattete, abgeschlossene, selbstständig dastehende Mennonitengemeinde, wie Cornies sie hier im südlichen Russland antraf, überflügelte seine kühnsten Hoffnungen und Erwartungen. Einer solchen Mennonitengemeinde angehören zu können und zu ihrem Wohl und Aufschwung beitragen zu können, beseelte schon von früher Jugend an diesen feurigen Jüngling.“[166]

Dass diese Mission nicht nur sozialer und wirtschaftlicher Natur war, zeigt die von Cornies angeregte Gründung der Molotschnaer Filiale der Bibelgesellschaft in Ohrloff im Jahr 1821 mit dem ausgesprochenen Ziel die Bibel an „Andersgläubige“ zu verteilen.[167] Gedacht war dabei allem anderen voran an die muslimischen Nogaier. Das Verbot der Mission, das den Mennoniten auferlegt wurde, schloss ausdrücklich nur Christen ein. Niemand in der Regierung wehrte sich gegen die Mission unter den Heiden und als solche galten die Nogaier. Die Herrnhuter Brüdergemeine unterhielt in Sarepta an der Wolga ein Missionszentrum und evangelisierte die dort lebenden buddhistischen Kalmüke[168] und die Schottische Mission bemühte sich um die muslimischen Tataren. Im Jahr 1822 erhielt auch die Basler Mission mit ihrem aus dem russischen Reich stammenden Missionaren Graf Felizian Zaremba (1794-1874), eine von Zar Alexander I. persönlich gegebene Genehmigung zur Missionierung der Muslime in seinem Reich. Und die 1812 auf Geheiß des Zaren gegründete und 1814 in „Russländische Bibelgesellschaft“ umbenannte „Gesellschaft zur Verbreitung der Heiligen Schrift“, bemühte sich allem anderen voran um die Übersetzung der Bibel in die Sprachen der noch nicht christlichen Völker des Landes. Es ist gut möglich, dass die Gründung der molotschnaer Filiale der Bibelgesellschaft von höchster Stelle in St. Petersburg angeregt wurde. Ähnlich hatte man ja auch die Herrnhuter Brudergemeine bewogen, Bibeln unter den Kalmücken zu verteilen. Diese wehrten sich anfänglich, weil damit ausdrücklich nicht die Evangelisierung der buddhistischen Nomaden verbunden war.[169] Jedenfalls ermutigte Zar Alexander I. die Basler Missionare Zaremba und Dietrich, die ihn in St. Petersburg in Privataudienz sprachen, Basler Missionare zur „missio-

166 Gavel 1848:10.

167 Epp 1998:71.

168 Siehe dazu vor allem Teigeler 2006.

169 Teigeler 2006:60.

narischen Betreuung der deutschen Kolonisten zu schicken. Der Zar sagte sogar eine finanzielle Unterstützung bei diesem Vorhaben zu.[170] Offensichtlich war der Zarenhof brennend daran interessiert, die muslimischen Völker zu missionieren. Und man setzte dabei auch auf evangelische Christen. Es ist nur schwer vorstellbar, dass Cornies von alledem nichts wusste. Nicht ohne Grund berief er den Pietisten Tobias Voth an seine neu gegründete Elementarschule in Ohrloff als Lehrer und unterstützte diesen in dessen Bemühung um eine missionarische Erziehung der Kolonisten. Voth begann bald nach seiner Ankunft in Ohrloff „Missionsstunden", wodurch der Gedanke an Mission unter den Mennoniten noch einmal verstärkt wurde.

Cornies war also über die missionarischen Aktivitäten der evangelischen Mission im Süden Russland bestens informiert. Die Basler Mission unter der Leitung des aus dem Russischen Reich stammenden Graf Felician Zaremba (1794-1874,) erhielt auch aus der molotschnaer Kolonie finanzielle Unterstützung.[171]Die Basler Mission konzentrierte sich zwar vor allem auf Muslime im Kaukasus, aber auch die Nogaier waren Muslime. Auch sie galt es zu evangelisieren. Auch in ihre Sprache bemühte man sich, Bibelteile zu übersetzen und diese durch die an der Molotschna lebenden Christen zu verteilen. Die Gründung der Bibelgesellschaft in Ohrloff war also durchaus im Blickfeld gesamtrussischer Bemühungen um die Nichtchristen im Land. Die Situation änderte sich erst nach dem Tod Alexander I. im Jahr 1825. Sein Nachfolger Nikolai I. (1825-1855) sah sich viel mehr der offiziellen Russisch-Orthodoxen Staatskirche verpflichtet. Diese klagte über die für die Kirche schädlichen Einflüsse der Bibelgesellschaft, weil die Bibelverbreitung den Sekten und den Protestanten in die Hände spiele. Bereits 1824 gelang es dem Klerus, den ungeliebten Mystiker Fürst Alexander I. Golizyn von der Präsidentschaft der Bibelgesellschaft zu entfernen.[172] Er und sein religiös bunt besetzter Vorstand, zu dem neben orthodoxen Theologen, Katholiken und Protestanten gleichermaßen gehörten, war längst ein Dorn im Auge der Kirchenobersten. Auch störte sie die wachsende Aktivität der evangelischen Gläubigen unter den Vertretern russischer Sekten. Mochten sie sich auch noch so sehr der Kirche entfernt haben, für die Kirche waren sie ungehorsame Kinder der einen heiligen orthodoxen Kirche. Im Jahr 1826 schloss der Zar die Bibelgesellschaft in St. Petersburg und alle ihre Filialen im Land. In nur wenigen Jahren ihrer Existenz hatte sie Erstaunliches geleistet. Die Bibel

---

170 Pagel 1990:10ff.

171 Zum Leben und Werk von Graf Zaremba siehe unter anderem: Pagel 1990:7-35.

172 Golizyn, dessen Glauben und Motive umstritten sind, war möglicherweise weniger an geistlicher Erweckung als an Glaubenstoleranz und Liberalismus in Fragen des Glaubens interessiert. Siehe die Diskussion bei Teigeler 2006:

wurde in 29 Sprachen übersetzt, davon in zwölf Sprachen nichtchristlicher Völker des Landes. Die Gesamtauflage der publizierten Bibel und Bibelteile erreichte 876.000 Exemplare.[173] Den Protestanten wurde bald jede missionarische Arbeit auch unter den Nichtchristen im Land untersagt. Im August 1835 erhielt auch die Basler Mission einen Ukas (Beschluss) des Zaren, Russland umgehend zu verlassen. Man warf den Missionaren vor, weniger die Muslime als vielmehr armenische Christen zum evangelischen Glauben zu bekehren. Und der Mann hinter allen diesen Beschlüssen war Baron von Rosen. Nikolai I. machte seinen Beamten, der schon für das Ausbildungsprogramm der Kronsburschen zuständig gewesen war, zum Gouverneur im Kaukasus. Rosen war Cornies bestens bekannt. Gut möglich, dass sie nicht nur einmal über die Gefahr des Proselytismus miteinander gesprochen haben. Und denkbar ist auch, dass er es war, der Cornies Aktivitäten unter den Nogaiern fest im Blick behielt und somit jede aggressive Evangelisation unmöglich machte. Vielleicht hören wir deshalb nichts über Bekehrungen von Nogaiern. Cornies war ein politisch versierter und kluger Mann. Er wusste sich zwischen den Frontlinien des den Protestanten nicht immer freundlich gesonnenen Landes zu bewegen. Schließlich kam es ihm auch darauf an, die vom Staat zugesicherten Freiheiten für seine eigenen Glaubensbrüder zu wahren. Vielleicht glaubte er aber auch an die Kraft des gelebten Wortes Gottes. Eines Tages würden die Heiden schon sehen und schmecken, welchen unterschied der Glaube im Leben einer Glaubensgemeinschaft ausmachen kann.

4. Ein Mann des Wortes

Johann Cornies war ein Mann klarer Worte und er konnte reden. Gavel berichtet in seinem Nachwort auf Cornies davon, dass er ein Mann erstaunlicher Redebegabung gewesen sei.[174] Nicht nur wusste sich Cornies gewählt und immer gut informiert auszudrücken. Er fand auch immer die richtigen Wendungen, Bilder, Vergleiche und Argumente, so dass sein Gegenüber ihm in der Regel seine Rede abnahm. Und das nicht nur unter den eigenen Landsleuten, den Mennoniten oder auch den anderen deutschen Siedlern. Die Wirkung seiner Rede verfehlte ihre Wirkung genau so wenig unter den Russen, Nogaiern, Juden, Molokanen und Duchoborzen.[175] Gegner fürchteten sich mit Cornies in einen Disput zu begeben, Freunde genossen die Leichtigkeit mit der er sich auszudrücken wusste. Allerdings war seine Beredsamkeit nie einfach leeres Geschwätz. Wenn er sprach, dann weil er sich auskannte, sonst stellte er Fragen. Und wenn ihn einmal ein Thema interessierte und er den Eindruck

---

[173] Zur Geschichte der russischen Bibelgesellschaft siehe z.B: Tichomirov 2004:38ff.

[174] Gavel 1848:11-11.

[175] Ebd:11.

hatte, einen kompetenten Gesprächspartner gefunden zu haben, dann ließ er von diesem nicht so leicht los. Dabei war es fast egal, ob es sein russischer Hirte Luka war oder der Gouverneur von Neurussland, Fürst Woronzow. Für Cornies zählten nicht Amt und Würden, sondern allein Kompetenz. Nein, er ließ auch die so typischen russischen Beamten nicht links liegen. Diese verließen sein Haus immer mit dem Eindruck, reichlich Gastfreundschaft erlebt, aber das Herz des Mannes, den sie besuchten, nicht gewonnen zu haben. Nicht zuletzt deshalb galt Cornies bei vielen seinen Zeitgenossen als arrogant und verschlossen. Ganz anders fiel dagegen das Urteil von Gebildeten und Kompetenten aus. Sie liebten es, am Tisch des Mannes zu sitzen und seine gepflegte Gemeinschaft zu genießen.

5. Ein Mann der Einheit

Die Mennoniten an der Molotschna waren zerstritten. Immer noch organisierten sich die Gemeinden nach ihrer, aus der preußischen Heimat mitgebrachten Einteilung in Flämische, Alt-Flämische und Friesische Gemeindeglieder. Die Unterschiede zwischen diesen Gemeinden waren minimal, selten theologischer Natur, doch wie immer in solchen Fällen, wurden sie hochstilisiert und mit großer Vehemenz vertreten. Das konnte sich auch in wirtschaftlicher und sozialer Hinsicht äußern und behinderte insgesamt den Fortschritt in der Kolonie. Schnell konnte aus einer sonst vernünftigen Entscheidung ein Glaubenskrieg werden. Erst recht, wenn die Leiter der Gemeinden sich wenig verstanden. Cornies kannte diese Probleme zur Genüge. Seine Neuerungen kamen nur in einem Teil der Gemeinden gut an. So wehrte sich die Flämische Gemeinde gegen alles pietistisch Fromme. Ihnen war die Gründung des Christlichen Schulvereins, die Berufung des Pietisten Tobias Voth und seine Missionsstunden, die Gründung der Filiale der Bibelgesellschaft und vieles andere mehr ein Dorn im Auge. Dagegen unterstützte die theologisch konservativere Kleine Gemeinde von Klaas Reimer die Reformen. Cornies versuchte, die Ältesten zusammenzubringen und die Trennungen zwischen den Gemeinden zu überwinden. Ohrloff sollte in seinen Plänen zum Zentrum einer solchen Bewegung werden.[176] Unterstützt hat ihn in seinen Bemühungen der Lehrer der Mennonitengemeinde zu Ohrloff Peter Neufeld, von dem Gavel schreibt, dass er der allernächste Freund Cornies' war.[177]

Aber Cornies Bemühungen um Einheit der Christen ging weiter als seine eigene mennonitische Welt. Mühelos bewegte er sich entlang der evangelischen denominationellen Grenzen, beriet pietistische und independistische Kreise, deutsche Katholiken und orthodoxe Sektierer. Für ihn schien nur der

[176] Epp 1998:71.

[177] Gavel 1848:12.

Glaube zu zählen. Welche Formen dieser Glaube fand war zunächst zweitrangig. Vielleicht sammelten sich auch deshalb die Menschen allerlei Glaubensvorstellungen um ihn. Seine ökumenische Gesinnung, die keinerlei Wertungen vornahm, machte Beziehungen sogar da möglich, wo solche sonst nie entstanden wären. In vielerlei Hinsicht ähnelte er damit seinen pietistischen Lehrern. Auch diese legten weniger Wert auf Kirche und Denomination. Auch ihnen kam es auf den persönlichen Glauben und die aus dem Glauben wachsende Tat an. Nur so konnte in ganz Europa jene Bewegung entstehen die gerade Anfang des 19. Jahrhunderts auch Russland erreichte und hier unter anderem den Zarenhof und Zar Alexander I. wesentlich prägte. Cornies war sozusagen Kind seiner Zeit, ein Mann bekennender Ökumene, im besten Sinne des Wortes Kulturprotestant.

Sein Bemühen um Einheit hat Cornies viele Feinde in den eigenen mennonitischen Kreisen gebracht. Wie sollte man auch seine Offenheit Menschen gegenüber, die sich nicht an die erkannte Wahrheit hielten, verstehen. Und hätte er nicht seine herausragende Position im landwirtschaftlichen Verein inne, die Ältesten hätten ihn bestimmt aus der Gemeinde ausgeschlossen. Bemühungen dieser Art gab es ja. Und nicht einmal. Aber Cornies machte sich aus solchen Anfeindungen nichts. Er glaubte unerschütterlich an die Zukunft der mennonitischen Kolonie und an die geistige Kraft der an Christus glaubenden Gemeinde. Solang dieser Glaube in den Mennoniten erkennbar war, war auch er bereit mit ihnen für das Werk Gottes einzustehen. Das ist eine bemerkenswert selbstlose Haltung.

6. Was bleibt? Cornies' Lebenswerk

Johann Cornies verstarb überraschend plötzlich im März 1848. Sein Schwiegersohn und Nachfolger im landwirtschaftlichen Verein Philipp Wiebe schrieb: „1848 den 13 Maerz vollendete mein Lieber Schwiegervater und unvergeßlicher Wohltäter Johann Cornies 4 Uhr 45 Minuten Nachmittag in dem Alter von 58 Jahren 7 Monate und 20 Tage. Die Beerdigung fand am 17 Merz statt, der Aelteste B Fast hielt die Leichenrede über Marci 13 Vers 31.“[178] Cornies war ein leidenschaftlicher Tabakraucher[179], wie übrigens viele Mennoniten seiner Zeit. Er verstarb an einer Erkältung die durch ein Geschwulst an seinem Hals, so Gavel, verstärkt wurde.[180] Vermutlich hatte er Krebs.

---

[178] „Auf einem Quartblatt: Philipp Wiebe *1816“, Privatarchiv Heiderun v. Issendorff. Siehe Text in: http://chort.square7.ch/Pis/Cornies.pdf (1.3.2014).

[179] Gavel 1948:11.

[180] Gavel 1848:12.

Seine Frau war ein Jahr zuvor verstorben und der Sohn nach Preußen gezogen, wo er zu gleicher Zeit heiratete. Tochter und Schwiegersohn waren zur Hochzeit geladen und somit ebenfalls verreist. Cornies selbst war aus geschäftlichen Gründen in Ohrloff geblieben. So starb er ohne seine unmittelbare Familie am Sterbebett zu haben. Sein Bruder David begleitete ihn auf diese letzte Reise.[181]

Sein Tod wurde in der Kolonie wenig beweint. Für manche ging eine Zeit des Drills zu Ende. Man atmete auf. Auch in den Gemeinden trauerte man wenig. Anderswo, so bei den nichtmennonitischen Nachbarn, ja sogar bei den muslimischen Nogaiern war die Trauer größer als zu Hause. Und schon bald nach seinem Tod begann der offene Kampf gegen den landwirtschaftlichen Verein, den jetzt der Schwiegersohn Philipp Wiebe leitete. Dieser verfasste nach dem Tod von Cornies ein Gedicht, das noch einmal die Berufung zeigt in dem dieser Mann stand.

Muthig gingst du die Bahn Deiner langen Lebensreise;
Alle, die dich kannten sah'n Oft in dir, den wackren Greise,
Vorbild stiller Thätigkeit, Muster weiser Mäßigkeit.
Manchen Kummer, manchen Schmerz Hast du Guter, hier empfunden
Oefter blutete dein Herz In des Lebens Prüfungsstunden;
Aber nie schwand dir die Muth:
Gott, sprachst du, macht Alles gut.
Vor der ew'gen Liebe Thron Find'st du die Vorangegangnen,
dort wirst du auch deinen Lohn, aus des Vaters Hand empfangen;
Der uns, seine Kinder, liebt,
Selbst, wenn er uns tief betrübt.
Alle, die du hier verläßt, Kinder, Enkel, Blutsverwandte,
Und der Kreise kleiner Rest, der dich Freund u. Bruder nannte,
Folgen dir in kurzer Zeit
Nach, in jene Ewigkeit.
Deinem Leibe wünschen wir Ruhe in des Grabes Stille;
Bald vielleicht wird hier bei dir, modern unsers Geistes Hülle.
Wohl uns, wenn wir einst, wie du, Schließen unsre Augen zu!
19 Juli 1848, Ph. Wiebe, Ohrloff [182]

Johann Cornies beanspruchte nie ein Glaubensheld zu sein. Er hielt sich selbst weder für einen unersetzlichen Mann, noch für einen besonders berufenen Christen. Er war, was er war – ein Taufgesinnter, ein Mennonit und damit ein Christ, der sein Leben sinnvoll einsetzte. Neugierig und wissbegie-

[181] Gavel 1848:11-12.

[182] Ebd.

rig nahm er das Leben um sich herum wahr und suchte daraus für sich selbst und für seine Mitmenschen Nutzen abzuleiten. Das Ergebnis war eine transformierte Welt: Höfe, Dörfer, ja ganze Kolonien, die zum Vorbild für eine ganze Nation wurden. Hierher sandten die Zaren junge russische Bauern, um Leben und Wirtschaften zu lernen. Hier holten sich Deutsche, Russen und sogar muslimische Nogaier Rat. Wie viele von ihnen durch das Vorbild Cornies' und seiner Mennoniten christusgläubig geworden waren, wissen wir nicht. Was wir allerdings wissen ist, dass schon bald genau diese Dörfer zum Ausgang einer faszinierenden Erweckung auch unter Russen und Ukrainern werden würden. Und alles würde mit eben jenen russischen Mitarbeitern auf den deutschen Bauernhöfen beginnen, die nur deshalb dahin gelangten, weil sie hier Arbeit und Erfolg fanden.[183] Cornies verhalf den Mennoniten zu einem funktionierenden und vorbildhaften Gemeinwesen, das die Aufmerksamkeit der Andersgläubigen anzog und erst so wurde Evangelisation der einheimischen Bevölkerung möglich. Freilich, andere haben gepredigt. Er hat nur die Fundamente gelegt, Fundamente, die übrigens bis heute das mennonitische Gemeinwesen und ihren Erfolg, z.B. in Paraguay begründen. Sein Verdienst ist somit bleibend.

Die offene und weite gesellschaftstransformative Sicht eines Cornies wurde schon von seinen Mitbrüdern selten verstanden. Gerade Gemeindeleiter wehrten sich gegen die vielen sozialen Neuerungen des Mannes, der doch ihrer Kolonie Wohlstand brachte. In mennonitischen Kreisen brach die Kritik an gesellschaftlicher Mitgestaltung auch nach seinem Tod nicht ab. Und doch, die Spuren seines Wirkens gehen weit in den ostslawischen Protestantismus hinein. Es ist die ganzheitliche Sicht dieses Mannes, die fast einhundert Jahre später das phänomenale Wachstum der Evangeliums-Christen und Baptisten begründete. Wie Cornies haben die Leiter dieser Gemeinden, allen anderen voran Ivan S. Prochanov, für einen bewussten missionstransformativen Einsatz in der Welt plädiert.[184] Und Gott schenkte ihm und vielen Tausenden anderen ganzheitlichen Missionaren einen nie dagewesenen Erfolg.

Wenn auch für uns heute noch eine Lehre aus dem Leben und Dienst des Mannes aus der Steppe Südrusslands zu ziehen ist, dann ist es diese: Mission der Gemeinde Jesu findet nur da wirklich erfolgreich und nachhaltig statt, wo Worte und Taten zusammenfinden. Sicher wird das nicht immer gleichzeitig möglich sein. Dazu sind die jeweilige Situation, die politischen Rahmenbedingungen oft zu unterschiedlich. Und doch, wo das Evangelium vorgelebt wird, wird auch Frucht aufgehen, Frucht die bleibt.

---

[183] Siehe unter anderem Kahle 1978:51-64.

[184] Zum Missionsverständnis von Ivan S. Prochanov siehe: Reimer 2013:39ff.

Personenregister

Sachregister

Bibliographie

Bondar, S. 1916. *Sekta Mennonitov v Rossii v sviazi s istoriei nemetskoi kolonizaciii na juge Rossii.* Petrograd.

Braun, P. J. 1915. Kto takie Mennonity? 2-e izdanie. Halbstadt: Raduga.

Brons, A. 1912. *Ursprung, Entwickelung und Schicksale Der Altevangelischen Taufgesinnten oder Mennoniten* in kurzen Zügen übersichtlich dargestellt von A. Brons. Dritte Auflage, neu bearbeitet von E. M. ten C a t e , Prediger der Mennoniten-Gemeinde zu Apeldoorn (Holland). Emden: Th. Hahn Wwe., Gr. m. b. H. Digital: http://chort.square7.ch/Buch/Brons.pdf (3.3.2014).

Dyck, Cornelius J. 1981. *An Introduction to Mennonite History.* Scottdale: Herald Press.

Diedrich, Hans-Christian. 1985. *Ursprünge und Anfänge des russischen Freikirchentums. Oikonomia. Quellen und Studien zur Orthodoxen Theologie unter Mitarbeit von Martin George herausgegeben von Fairy v. Lillienfeld.* Band 21. Erlangen.

Epp, David H. 1901. *Johann Cornies, Züge aus seinem Leben und Wirken.* Berdyansk. Reprint: 1946. *Johann Cornies. Züge aus seinem Leben und Wirken.* Steinbach: Echo.

Epp, George K. 1997. *Geschichte der Mennoniten in Russland.* Band I: Deutsche Täufer in Russland. Lage: Logos.

Epp, George K. 1998. *Geschichte der Mennoniten in Russland.* Band II: Die Gemeinschaft zwischen Fortschritt und Krise. Lage: Logos.

Friesen, Peter M. 1911. *Die Alt-Evangelische Mennonitische Brüderschaft in Russland (1789-1910) im Rahmen der mennonitischen Gesamtgeschichte*. Halbstadt: Verlagsgesellschaft „Raduga“, 1911: 75 ff.

Gavel, Agronom. 1848. Johann Cornies. Beilage zum Unterhaltungsblatt. Odessa, 21.09.1848, S. 9-18. Digital: http://chort.square7.ch/Buch/Walt1.pdf (2.3.2014).

Gerlach, Horst. 2007. *Die Russlandmennoniten II. Westpreußen, Russland und zurück.* Kirchenbolanden: Selbstverlag.

Gerlach, Horst. „Ohrloff Mennonitische Zentralschule (Ohrloff, Molotschna Mennonite Settlement, Zaporizhia Oblast, Ukraine).“ *Global Anabaptist Mennonite Encyclopedia Online*. 1959. Web. 17 März 2014. http://gameo.org/index.php?title =Ohrloff_Mennonitische_Zentralschule (1.4.2014).

Görz, H. 1950. *Die Molotschnaer Ansiedlung.* Steinbach: Echo.

Grous, Ernst. 1954. Vom Pietismus bis den altpreußischen Mennoniten im Rahmen ihrer Gesamtgeschichte. In: *Mennonitische Blätter*. Neue Folge, Nr.6/11, S. 7-29.

Greve, Uwe. 2003. „Noch hält der Schutz des Zaren. Deutsche aus Rußland, Teil II: Ausweitung der deutschen Siedlungen und die Bewahrung des Deutschtums“. In: *Das Ostpreußenblatt/Ostpreußische Allgemeine Zeitung*, hrsg. von Landsmannschaft Ostpreußen e.V., 16.08.2003. Siehe auch: http://www.webarchiv-server.de/pin/archiv03/3303ob17.htm. (15.1.2013)

Harder, M. S. „Johann Cornies – Pioneer Educator.“ *Mennonite Life* (October 1948): 5-7, 44.

Harthausen, August Freiherr von. 1847. *Studien über die innern Zustände, das Volksleben und insbesondere die ländlichen Einrichtungen Rußlands.* Zweiter Theil. Hannover: In der Hahn'schen Hofbuchhandlung.

Häusler, Alexander. 1974. *Die Gräber der älteren Ockergrabkultur zwischen Dnepr und* Karpaten. Berlin: Beier & Beran.

Hege, Christian und Christian Neff. *Mennonitisches Lexikon.* Frankfurt & Weierhof: Hege; Karlsruhe; Schneider, 1913-1967: I, 347.

Heimowski, Georg, Podehl, Heinz Georg. 1996. *Ostpreußen-Lexikon. Geographie, Geschichte, Kultur.* Lizenzausgabe. Augsburg: Bechtermünz.

Kahle, Wilhelm. 1978. *Evangelische Christen in Rußland und der Sovetunion. Ivan S. Prochanov (1869-1935) und der Weg der Evangeliumschristen und Baptisten.* Kassel: Oncken.

Kang, Chi-Won. 2001. *Frömmigkeit und Gelhrsamkein. Die Reform des Theologiestudiums im lutherischen Pietismus des 17. Und des frühen 18. Jahrhunders.* Giessen: Brunnen.

Kasdorf, Hans. 1991. *Flammen unauslöschlich. Mission der Mennoniten unter Zaren und Sowiets 1789-1989.* Bielefeld: Logos.

Klassen, P. 1989. *Das Mennonitentum und die Mennoniten.* Alma-Ata: Kasachstan.

Krestjaninow, W.F. 1967. *Mennonity.* Moskva: Izdatelstvopoliticheskoi literatury.

Lichdi, Diether Götz. 1983. *Die Mennoniten in Geschichte und Gegenwart. Von der Täuferbewegung zur weltweiten Freikirche.* Agape.

Matthäi, Friedrich. 1865. *Die deutschen Ansiedelungen in Russland. Ihre Geschichte und ihre volkswirtschaftliche Bedeutung für die Vergangenheit und Zukunft.* Studien über das russische Kolonisationswesen und über die Herbeiziehung fremder Kulturkräfte nach Russland. Gera: Griesbach. Digital: http://chort.square7.ch/Buch/Matth.pdf (2.3.2014).

Pagel, Arno. 1990. *Licht dem Osten. Zeugen Jesu Christi in Rußland.* Marburg: Francke.

Penner, Horst. 1978. *Die ost- und westpreußischen Mennoniten.* Weierhof: Mennonitischer Geschichtsverein.

Pissarewski, G.G. 1917. *Pereselenie prusskich nemzew v Rossiju pri Alexandre I.* Rostov-na-Donu: Sivozel'sow.

Preuß, A.G. 1835. *Preußische Landes und Volkskunde oder Beschreibung von Preußen. Ein Handbuch für Volkslehrer der Provinz Preußen so wie für Freunde des Vaterlandes.* Königsberg: Verlag der Gebrüder Bornträger.

Redekop, Calvin 1989. *Mennonite Society.* Baltimore and London: John Hopkins University Press.

Reimer, Johannes. 2013. Recovering the Missionary Memory. Russian Evangelicals in Search of an Appropriate Missiology. In *European Journal Theology* 22.2 (2013) 137-148; auch in: *Evangelical Mission in Eastern European Orthodox*

Contexts: Bulgaria, Romania, Moldova and Ukraine, ed. by Dr. Michai Malancea. Cisinau: Universitatea Divita Gratiae, S. 37-56.

Toews John B. 1982. *Czars, Soviets & Mennonites.* Kansas: Faith & Life Press.

Schevchuk, Sergei. 2008. „Ot piramidy do kurganov." In: http://garrett.org.ua/index.php?topic=59.0. (15.1.2013)

Stach, Jakob. 1942. Grunau und die Mariupoler Kolonien. Sammlung Leibrand, Band 7. Quellen und Materialien zur Erforschung des Deutschtums in Osteuropa, hrsg. Von E. Meynen. Leipzig: Verlag von Hierzel.

Stumpp, Gerda. 1956. Volksmedizin und Volksglaube bei den Schwarzmeerdeutschen. In: *HDR.*

Teigeler, Otto. 2006. *Die Herrnhuter in Russland. Ziel, Umfang und Ertrag ihrer Aktivitäten.* Göttingen: Vandehoeck & Ruprecht.

Tichmirow, 2004. Geschichte der russischen Bibelgesellschaft. In: *Stimme der Orthodoxie.* Teil I, 1/2004, S. 38ff.

Weise, Erich. Hrsg. 1981. *Handbuch der historischen Stätten. Ost- und Westpreußen.* Unveränderter Neudruck der 1. Auflage 1966. Stuttgart: Kröner.

Wiebe, Philipp. 1853. *Ackerbauwirthschaft bei den Mennoniten im südlichen Russland.* Archiv für wissenschaftliche Kunde von Russland. Herausgegeben von A. Erman. Zwölfter Band. Mit drei Tafeln. Berlin: Verlag von Georg Reimer.

Zimpel, Heinz-Gerhard. 2000. *Lexikon der Weltbevölkerung. Geografie – Kultur – Gesellschaft.* Hamburg: Nikol.

Anabaptists, Hutterites and Habans in Austria

Anabaptist Museum Niedersulz (Austria)

Reinhold Eichinger
Josef F. Enzenberger

Like a wildfire the Anabaptist movement swept through Europe during the Protestant Reformation. The "Third Branch of the Reformation" involved thousands who lived in our cities and streets. Countless numbers suffered martyrdom, among whom was the theologian Dr. Balthasar Hubmaier. In 1528 he was burned alive in Vienna.

One noteworthy group was the Hutterites, named after their founder Jakob Hutter. Approximately 50,000 Hutterites live today in colonies and speak an old Austrian German dialect. Their 500-year-old legacy can be traced from Tyrol and Lower Austria to the prairies of North America.

The Anabaptist Museum recalls this forgotten chapter of Austrian history and culture. In the Museumsdorf Niedersulz, the biography of the Anabaptists is exhibited in a unique way, from its 16th Century roots up to the evangelical churches of the present.

Pb. • 148 pp. • $19.50 • £11.90 • 14.80 €(D) • 14.80 €(A)
ISBN 978-3-941750-28-9

VTR • Gogolstr. 33 • 90475 Nürnberg • Germany
info@vtr-online.com • http://www.vtr-online.com

Täufer, Hutterer und Habaner in Österreich

Täufermuseum Niedersulz (Österreich)

Reinhold Eichinger
Josef F. Enzenberger

Wie ein Flächenbrand wurde Europa in der Reformationszeit von der Täuferbewegung erfasst. Tausende Anhänger dieses „Dritten Flügels der Reformation" haben in unseren Straßen und Städten gelebt. Unzählige erlitten das Martyrium, unter anderem auch der Theologe Dr. Balthasar Hubmaier. 1528 wurde er in Wien bei lebendigem Leib verbrannt.

Eine spezielle Richtung stellen die Hutterer dar, benannt nach ihrem Begründer Jakob Huter. Noch heute leben etwa 50.000 Hutterer in Gütergemeinschaft und sprechen einen altösterreichischen Dialekt. Ihre Spur zieht sich über fünf Jahrhunderte von Tirol und den Fluren Niederösterreichs bis in die Prärien Amerikas.

Das Täufermuseum ruft diese vergessenen Phänomene österrichischer Geschichte und Volkskultur in Erinnerung. Im Museumsdorf Niedersulz wird damit auf einzigartige Weise die Geschichte der Täufer von ihren Anfängen bis zu den Freikirchen der Gegenwart dargestellt.

Pb. • 150 S. • 14,50 €(D) • 14,80 €(A)
ISBN 978-3-941750-27-2

VTR • Gogolstr. 33 • 90475 Nürnberg • Germany
info@vtr-online.com • http://www.vtr-online.com

www.ingramcontent.com/pod-product-compliance
Ingram Content Group UK Ltd.
Pitfield, Milton Keynes, MK11 3LW, UK
UKHW021653190726
13853UKWH00001B/237